昭和の空き家に住みたい！

〝売れない実家〟を生かす逆転のビジネスモデル

三浦 展
Atsushi Miura

ビジネス社

はじめに

郊外住宅地の高齢化と空き家増加が指摘され始めてから十数年経つ。私も２０１２年に上梓した『東京は郊外から消えていく！』でその状況を分析し、今後の郊外への提案を開始した。多くの郊外の自治体で講演をしたし、具体的な郊外でのまちづくりを応援してきた。

今回郊外の空き家問題に特化した本の執筆を依頼されたときは、すでに書いて来たことも多いが、私が改めて何かを書くべきテーマだと思い、執筆を受諾した。

空き家関係の本を調べてみると、すでに数十冊の本が出ていたが、大半は空き家は早く売れ、あるいはリノベして高く売れ、なんなら他人の空き家を安く買ってリノベして売れという内容だった。

大金が絡《から》むことだから経済重視の本が多いのは仕方がないが、それにしても愛がないなと思った。

多くの空き家は中古市場に出ない。その理由は、高く売れないから、壊すのに金がかかるからというのもあるが、愛着があるからというものも多い。仏壇がある、家財の整理が大変、子ども部屋には自分が子ども時代の物がまだある、いつか使うかもなどなど、単に経済的な視点だけでは解消できないさまざまな想《おも》いがある。

そういうさまざまな想いにも寄り添う形での空き家対策本を書けないかと思った。なぜなら私自身がそういう想いのために空き家を売らずにいる一人だからである。売りたい人は売れればいいが、実はそうでない人のほうが多いのだ。

一方、若い世代の価値観も変わってきている。マイホームの所有をしたいという意識は弱まり、買う場合も新築でなく中古でよいという人が増え、リノベーションも広がった。古民家好きな人も増えた。賃貸に住む場合も、シェアハウスが定着した。家に限らず、家電も食器もパソコンもスマホも服もフィギュアもトレーディングカードも中古で買うことが定着した。スターバックスではなく昭和レトロな喫茶店が行列になり、銭湯や昭和歌謡を平成世代が好んでいる。これから家を買う、借りる世代は、そういう世代なのだ。

また単に古い物を収集したり楽しむ人が増えただけでなく、古い物を引き継ぎたいという欲求がひたひたと広がっている。昭和のスナックを事業継承する若い女性が現れ、有名な建築家が設計した古い自邸を買って自分で住む有名女優もいる。

時代は変わっている。本書がそういう時代の変化に対応した空き家対策本に少しでもなれていれば幸いである。

三浦　展

2023年11月

昭和の空き家に住みたい！　目次

第1章 団塊ジュニアの実家の空き家はZ世代に貸せ

第2章 マッチングが良ければボロ家も売れる

第3章

安易に手を入れると後悔する

第4章 空き家は占いで貸せ

団塊ジュニアの実家の空き家はZ世代に貸せ

第1章

01 世田谷区も空き家だらけ

近年、空き家問題がマスコミで大きく取り上げられるようになった。今後は地方だけでなく、東京・大阪・名古屋の3大都市圏でも空き家の数が激増すると予測されている。つまり、これまで地方の課題だった空き家問題が大都市圏でも顕在化するのだ。2023年10月にNHKから発表された「2040年空き家数全国予測マップ」によると、2040年にかけて3大都市圏で空き家が急増するという深刻な結果になっている。

これは戦後大都市圏に集まった、人口の多い団塊世代（1947〜49年生まれ）とその前後の世代が郊外に買った家が空き家になり始めるからである。

これは彼らの子ども世代にあたる団塊ジュニア世代（ほぼ1970年代生まれ）が実家の相続問題に直面することを意味する。

総務省が5年ごとに行っている「住宅・土地統計調査」によると、2018年時点の空き家の数は約849万戸で、総住宅数の13・6％だった。日本全体で見るとなんと7軒に1軒が空き家だったのだ。次回の住宅・土地統計調査は2023年に実施されるため、執筆時点で結果はわからない。しかし1000万戸を超えるとの予測もあるぐらいだ。

ただし、2018年時点の849万戸という数字には、売却用や賃貸住宅の空き部屋、別荘など、使用目的が明確なものも含まれている。そこで、849万戸から使用目的が明確な分を除くと、残りは349万戸になる。この349万戸こそが使用目的が決まっていない家、つまり売却せず、貸すこともせず、誰も住んでいない状態になっている家の数である。これこそが本書で考えたい空き家なので、以降は、この349万戸に焦点を当てていこう。

この349万戸の内訳を都道府県別に見てみると、3大都市圏（東京圏、名古屋圏、大阪圏）にある空き家だけで115万戸にもなる（図表1-1）。全国全体に占める割合は32・9％。およそ3分の1が3大都市圏内に存在していることになる。3大都市圏の空き家率は低いが、空き家数自体はとても大きいのだ。さらに今後は、人口が多い団塊ジュニアの実家が空き家になっていくので、大都市圏の空き家数は増えていくはずだ。

市区町村別のランキングを見ると（図表1-2）、1位が呉市で2万1160戸、2位が鹿児島市で1万8620戸、3位が姫路市で1万7080戸、以降、高松市、市川市、

図表1-1

都道府県別の空き家数と空き家率（網掛けは3大都市圏*）

都道府県	総住宅数	空き家数	空き家率
全国	62,407,600	3,487,200	5.6%
東京都	7,671,600	180,000	2.3%
神奈川県	4,503,500	147,700	3.3%
埼玉県	3,384,700	124,100	3.7%
千葉県	3,029,800	144,400	4.8%
愛知県	3,481,800	142,600	4.1%
大阪府	4,680,200	209,200	4.5%
兵庫県	2,680,900	151,900	5.7%
奈良県	617,600	45,600	7.4%
北海道	2,807,200	157,300	5.6%
青森県	592,400	45,800	7.7%
岩手県	579,300	50,200	8.7%
宮城県	1,089,300	50,400	4.6%
秋田県	445,700	38,900	8.7%
山形県	449,000	29,600	6.6%
福島県	861,300	58,900	6.8%
茨城県	1,328,900	78,200	5.9%
栃木県	926,700	57,500	6.2%
群馬県	949,000	62,600	6.6%
新潟県	994,500	64,800	6.5%
富山県	452,600	32,200	7.1%
石川県	535,800	37,600	7.0%
福井県	325,400	23,800	7.3%
山梨県	422,00	36,600	8.7%

都道府県	総住宅数	空き家数	空き家率
長野県	1,007,900	84,300	8.4%
岐阜県	893,900	63,500	7.1%
静岡県	1,714,700	88,300	5.1%
三重県	853,700	77,500	9.1%
滋賀県	626,000	38,300	6.1%
京都府	1,338,300	81,300	6.1%
和歌山県	485,200	54,400	11.2%
鳥取県	256,600	22,800	8.9%
島根県	314,200	33,200	10.6%
岡山県	916,300	73,400	8.0%
広島県	1,430,700	114,200	8.0%
山口県	719,900	71,400	9.9%
徳島県	380,700	39,300	10.3%
香川県	487,700	46,700	9.6%
愛媛県	714,300	73,100	10.2%
高知県	391,600	50,100	12.8%
福岡県	2,581,200	126,000	4.9%
佐賀県	352,100	26,800	7.6%
長崎県	659,500	57,700	8.7%
熊本県	813,700	64,400	7.9%
大分県	581,800	48,700	8.4%
宮崎県	546,400	49,900	9.1%
鹿児島県	879,400	105,200	12.0%
沖縄県	652,600	26,800	4.1%

資料：総務省「住宅・土地調査」2018

図表1-2

空き家数5,000戸以上の市区別ランキング
(3大都市圏*のみ抽出。順位は全国での順位)

順位	都道府県	市区町村	空き家数
5	千葉県	市川市	15,920
6	千葉県	船橋市	15,390
16	東京都	世田谷区	12,580
18	東京都	北区	12,380
20	兵庫県	尼崎市	12,230
25	神奈川県	横須賀市	11,110
26	大阪府	東大阪市	10,950
28	東京都	足立区	10,790
30	奈良県	奈良市	10,580
37	三重県	四日市市	9,660
40	東京都	江東区	9,030
41	埼玉県	川口市	9,020
46	東京都	中央区	8,440
47	東京都	八王子市	8,240
48	東京都	荒川区	8,180
50	大阪府	豊中市	7,980
53	東京都	杉並区	7,900
59	兵庫県	西宮市	7,650
60	兵庫県	神戸市 垂水区	7,600
62	愛知県	一宮市	7,520
64	千葉県	松戸市	7,410
73	東京都	板橋区	6,870
74	千葉県	市原市	6,820
75	東京都	葛飾区	6,780
78	神奈川県	横浜市 鶴見区	6,650
79	京都府	京都市 伏見区	6,620
81	千葉県	柏市	6,610
91	大阪府	寝屋川市	6,150
92	大阪府	高槻市	6,110
93	大阪府	枚方市	6,060
97	京都府	京都市 左京区	5,970
98	愛知県	岡崎市	5,880
99	大阪府	大阪市 生野区	5,870
100	神奈川県	川崎市 川崎区	5,860
102	大阪府	大阪市 西成区	5,820
107	神奈川県	川崎市 高津区	5,720
110	大阪府	吹田市	5,650
124	京都府	京都市 右京区	5,320
126	神奈川県	藤沢市	5,250
128	東京都	品川区	5,180
132	神奈川県	平塚市	5,120
134	埼玉県	熊谷市	5,090
136	愛知県	名古屋市 千種区	5,060
139	東京都	江戸川区	5,010

資料：総務省「住宅・土地調査」2018

船橋市と続く。全国の空き家数上位に東京圏にある市川市と船橋市の2つが入っていたのである。さらに世田谷区のような高級住宅地が16位に、川口市のように団塊ジュニアが多く住んでいる市も41位に入っている。

空き家数が5000戸以上の市区町村数は全国で140ある。そのうち3大都市圏内にある市区は44。単純に市区町村の数で計算すると、3割を超える市区町村が3大都市圏内に存在しているわけだ。

読者の中には、「なぜ空き家率ではなく空き家数にこだわるのか?」と疑問に感じる方がいるかもしれない。たしかに、これまで空き家問題が語られる時には「空き家数」ではなく「空き家率」が取り上げられることが多かった。都市部では住宅数が多いので、「空き家率」を計算するときの分母が大きくなる。結果として、都市部の「空き家率」は小さくなる傾向がある。このことが、「空き家問題は地方の課題」という見方を生んでいた。

しかし、空き家数が増えれば、その分だけ空き家の処分や活用を考えざるをえなくなる人が増える。また、不動産市場に出回る中古物件の数も増えていく。つまり、空き家になった家を売却したり賃貸として活用することが難しい物件も増えていく可能性があ

図表1-3

2040年、空き家数1万戸以上の市区町村の数は4.8倍に！

	2018年	2040年	増加率
2万戸以上	1	41	41.0倍
1.5万戸以上	6	39	6.5倍
1万戸以上	27	83	3.2倍
計	34	163	4.8倍

資料：総務省「住宅・土地統計調査」（2018）とNHK「2040年空き家数全国予測マップ」をもとに作成

るのだ。そこで本書では「空き家数」に着目することにしたのである。

では、２０２３年以降、空き家数はどのように推移していくのだろう？　先述したＮＨＫの「２０４０年空き家数全国予測マップ」では、２０４０年の時点で空き家数が１万戸以上になると予測される市区町村がリストアップされている。その数は全国で１６３市区町村。２０１８年には空き家数が１万戸以上の市区町村は34だったので、なんと４・８倍に増えると予測されているのだ（図表1-3）。

空き家の数を１万〜１・５万戸未満、１・５〜２万戸未満、２万戸以上の３段階に分けると、２万戸以上の市区町村で空き家数の増加率も高い。空き家数２万戸以上の市区町村は２０１８年には広島県呉市１カ所だけだったが、２０４０年には41カ所に急増すると予測されているのである。

02 郊外住宅地に空き家が増えている

次に、3大都市圏について見る。2040年に空き家数が1万戸以上になると予測されている163市区町村のうち、3大都市圏内にあるのは67市区である。つまり、空き家が1万戸以上になる市区の4割が3大都市圏に存在することになるのだ。

東京圏内では10市区で空き家数が2万戸以上と予測されている（図表1-4）。東京都では世田谷区、八王子市、足立区、千葉県では船橋市、市川市、松戸市、柏市、埼玉県では川口市、神奈川県は相模原市と横須賀市である。

さらに範囲を広げ、1万戸~2万戸未満になると予測される市区を見ると、東京都では大田区、杉並区など23区の周縁部の区が多い。これは地価が高いことや、下町の場合もともと工場地帯だったことも影響しているだろう。郊外では町田市があがっている。千葉県は市原市、佐倉市。これはバブル時代に住宅地が増えたところだ。

埼玉県は川越市、所沢市、越谷市、春日部市と、典型的な郊外住宅地である。熊谷市もバブル時代には通勤圏となったところである。

図表1-4

2040年空き家が1万戸以上の市区（東京圏）

都道府県	市区町村名	空き家数
東京都	世田谷区	2万戸以上
東京都	八王子市	2万戸以上
東京都	足立区	2万戸以上
東京都	大田区	1.5万戸以上
東京都	杉並区	1.5万戸以上
東京都	練馬区	1.5万戸以上
東京都	江戸川区	1.5万戸以上
東京都	北区	1.5万戸以上
東京都	板橋区	1.5万戸以上
東京都	葛飾区	1.5万戸以上
東京都	江東区	1.5万戸以上
東京都	町田市	1.5万戸以上
東京都	荒川区	1万戸以上
東京都	品川区	1万戸以上
千葉県	船橋市	2万戸以上
千葉県	市川市	2万戸以上
千葉県	松戸市	2万戸以上
千葉県	柏市	2万戸以上
千葉県	市原市	1.5万戸以上
千葉県	佐倉市	1万戸以上

都道府県	市区町村名	空き家数
埼玉県	川口市	2万戸以上
埼玉県	川越市	1万戸以上
埼玉県	所沢市	1万戸以上
埼玉県	越谷市	1万戸以上
埼玉県	春日部市	1万戸以上
埼玉県	熊谷市	1万戸以上
神奈川県	相模原市	2万戸以上
神奈川県	横須賀市	2万戸以上
神奈川県	藤沢市	1.5万戸以上
神奈川県	横浜市戸塚区	1万戸以上
神奈川県	横浜市鶴見区	1万戸以上
神奈川県	横浜市青葉区	1万戸以上
神奈川県	横浜市旭区	1万戸以上
神奈川県	横浜市港南区	1万戸以上
神奈川県	横浜市港北区	1万戸以上
神奈川県	平塚市	1万戸以上
神奈川県	鎌倉市	1万戸以上
神奈川県	茅ケ崎市	1万戸以上

資料：NHK「2040年空き家数全国予測マップ」をもとに作成

神奈川県は藤沢市、横浜市戸塚区・鶴見区・青葉区・旭区・港南区・港北区、平塚市、鎌倉市、茅ケ崎市となっている。ほぼすべて典型的な郊外住宅地である。

大阪圏では空き家が2万戸以上なのは大阪府東大阪市、兵庫県尼崎市、奈良県奈良市である。1万戸〜2万戸未満では、大阪府枚方《ひらかた》市・高槻市・豊中市・八尾市・吹田《すいた》市・寝屋川市・茨木市、岸和田市と典型的な郊外住宅地が並ぶ。吹田市や豊中市は千里ニュータウンを含む地域である。

兵庫県では西宮市、神戸市垂水《たるみ》区・北区・西区、宝塚市、川西市となっており、これらもほぼ郊外住宅地と言って差し支えない（図表1-5）。

名古屋圏では、2万戸を超えると予測される市は三重県津市である。1万戸以上だと愛知県一宮市、豊橋市、春日井市、岡崎市、豊田市、三重県四日市市、松阪市があがっている（図表1-6）。春日井市は高蔵寺ニュータウンがある地域である。

このように今後は地方だけでなく、3大都市圏の郊外住宅地でこそ空き家問題が巨大な問題になるのだ。

図表1-5

2040年空き家が1万戸以上の市区（大阪圏）

都道府県	市区町村名	空き家数
大阪府	東大阪市	2万戸以上
大阪府	枚方市	1.5万戸以上
大阪府	高槻市	1.5万戸以上
大阪府	豊中市	1.5万戸以上
大阪府	八尾市	1万戸以上
大阪府	吹田市	1万戸以上
大阪府	寝屋川市	1万戸以上
大阪府	茨木市	1万戸以上
大阪府	岸和田市	1万戸以上
兵庫県	尼崎市	2万戸以上

都道府県	市区町村名	空き家数
兵庫県	西宮市	1.5万戸以上
兵庫県	神戸市垂水区	1万戸以上
兵庫県	神戸市北区	1万戸以上
兵庫県	神戸市西区	1万戸以上
兵庫県	宝塚市	1万戸以上
兵庫県	川西市	1万戸以上
京都府	京都市伏見区	1万戸以上
京都府	京都市右京区	1万戸以上
京都府	京都市左京区	1万戸以上
京都府	宇治市	1万戸以上
奈良県	奈良市	2万戸以上

資料：NHK「2040年空き家数全国予測マップ」をもとに作成

図表1-6

2040年空き家が1万戸以上の市区（名古屋圏）

都道府県	市区町村名	空き家数
愛知県	一宮市	1.5万戸以上
愛知県	豊橋市	1.5万戸以上
愛知県	春日井市	1.5万戸以上
愛知県	岡崎市	1万戸以上
愛知県	豊田市	1万戸以上
三重県	津市	2万戸以上
三重県	四日市市	1.5万戸以上
三重県	松阪市	1万戸以上

資料：NHK「2040年空き家数全国予測マップ」をもとに作成

03

住環境満足度と空き家の関係

空き家が増える背景には相続の問題、荷物の片づけの大変さ、思い出がある実家を処分することへのためらいなどがあるため、売却を決めるまでに時間がかかるという事情がある。加えて、売却や賃貸としての活用を決意してもなかなか買い手が見つからないという問題もある。特に今後は、都心から30キロ圏より外側のエリアでは、売却や賃貸としての活用が難しくなることが予測されるのである。

このようなエリアから都心へ通勤するには時間がかかる。それにもかかわらず高度成長期から1980年代に住む人が増えたのは、地価が安いだけでなく、環境が良く子育てしやすい点が評価されていたからだ。また男性だけが都心に働きに行き、女性は専業主婦であったからこそ、遠い郊外でも暮らせた。しかし今は女性も都心で働くし、都心にもマンションが増えて保育所も増え、緑も増えて、環境が良くなった。郊外に住むメリットが昔ほどなくなったのだ。

そのことを裏付けるため、全国3万人に対するアンケート調査の結果をまとめた三菱総合研究所・生活者市場予測システム（m・i・f）のデータを使って、東京圏とその周辺の市区町村毎に住環境に対する満足度を調べてみた（サンプル数が少ない市区町村もあるので参考ではあるが）。ここでいう「満足度」は、「満足」「やや満足」「どちらでもない」「やや不満」「不満」の回答率にそれぞれ2点、1点、0点、－1点、－2点を与えて合計したものである。

東京圏で満足度が高い市区町村に網をかけてみると、都心から10キロ圏内に多いことがわかる（図表1-7）。10～20キロ圏内では満足度が高い市区町村は少なく、20～30キロ圏内には多い。そして30キロ圏外には、ほとんど存在していないことがわかる。

20～30キロ圏は、横浜市中区・西区といったいわゆるミナトヨコハマ地域、青葉区・都筑区、川崎麻生区という田園都市線沿線などの高級郊外住宅地、三多摩では国立市、埼玉県ではさいたま市浦和区、千葉県では柏市、最近急成長している流山市など、良好な住宅地が挙がっている。

10～20キロ圏内は先ほど見た空き家の多い世田谷区、大田区、江戸川区などの23区周縁部である。大田区や下町の区は工場地帯を多く含むので住環境が悪いと感じる人が多いのはわかる。世田谷区は地価が高い割に、交通の便が悪い地域もあるなどの理由で、住環境が良くないと感じられるのかもしれない。

次に、東京圏内2040年の空き家数が1万戸を超えると予測される市区町村と、住環境に対する満足度が高くない地域を比べてみる（空き家が1万戸以上の市区には市区名が入れてある）。すると、現時点の住環境に対する満足度の低さは、将来の空き家数が1万戸以上ある市区はかなり一致していることがわかる。

たとえば神奈川県では、横浜市戸塚区・港北区・旭区・港南区、平塚市、鎌倉市は空き家数が1万戸以上あり、かつ住環境満足度が高くない。

埼玉県では川口市、川越市、所沢市、越谷市も空き家数が1万戸以上あり、かつ住環境満足度が高くない。

千葉県では船橋市、市川市、松戸市、市原市、佐倉市は空き家数1万以上で住環境満足度が高くない。満足度が高いのは柏市だけである。

東京都の郊外では空き家数1万戸以上は町田市だけだが、やはり住環境満足度は高くない。

同様に、大阪圏と周辺の市区町村について、住環境に対する満足度が高い市区町村に網をかけたのが図表1-8である。空き家数1万戸以上と予測される9市のうち典型的

図表1-7

住環境に対する満足度が高い市区町村（東京圏とその周辺）

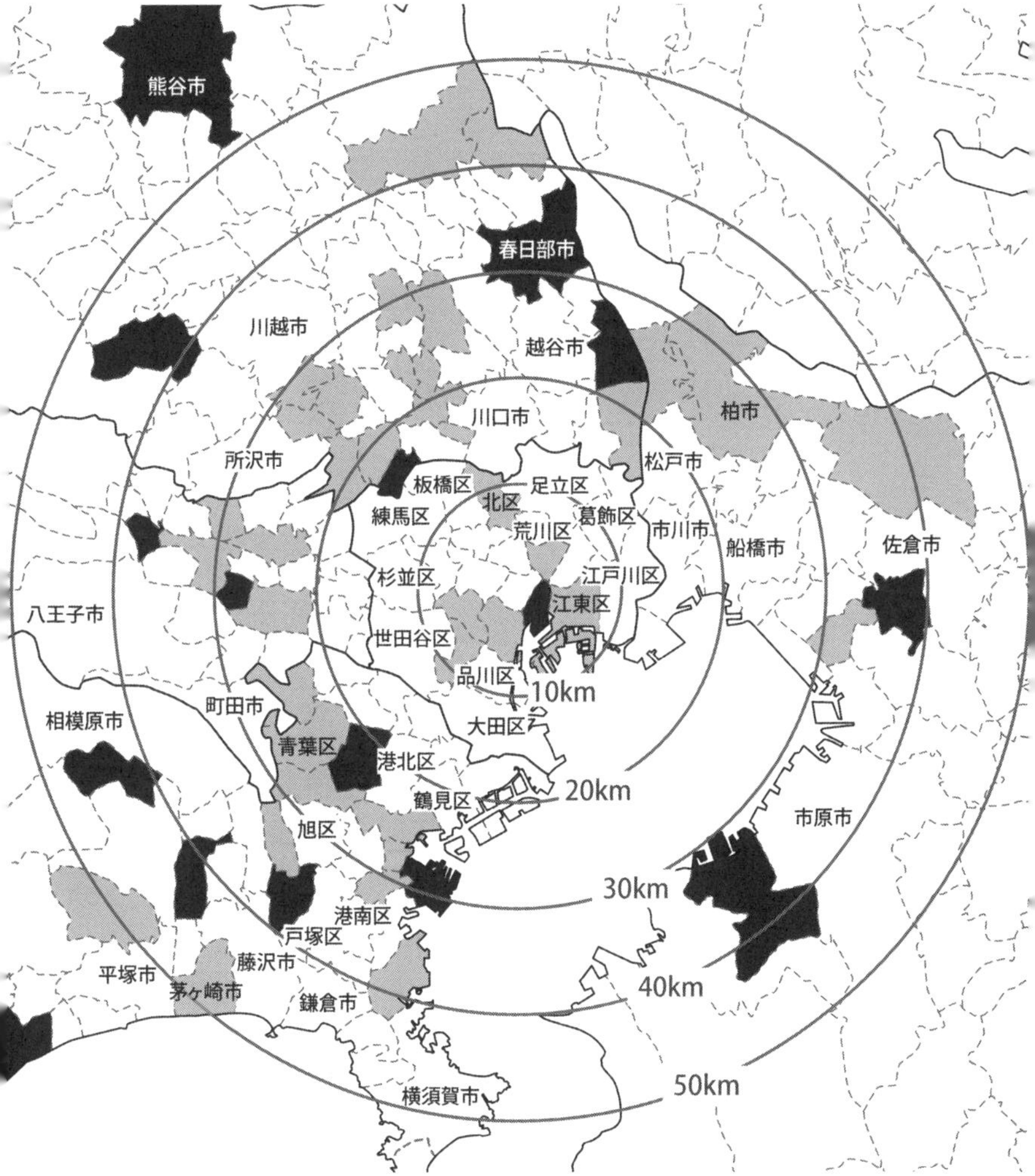

黒：満足度指数が高い（1.2～0.66）　灰色：満足度指数がやや高い（0.65～0.38）
注）名称が入っている市区は、NHKの予測で2040年の空き家が1万戸以上
資料：三菱総合研究所「生活市場予測システム」（2022年）を元に作成

図表1-8

住環境に対する満足度が高い市区町村（大阪圏とその周辺）

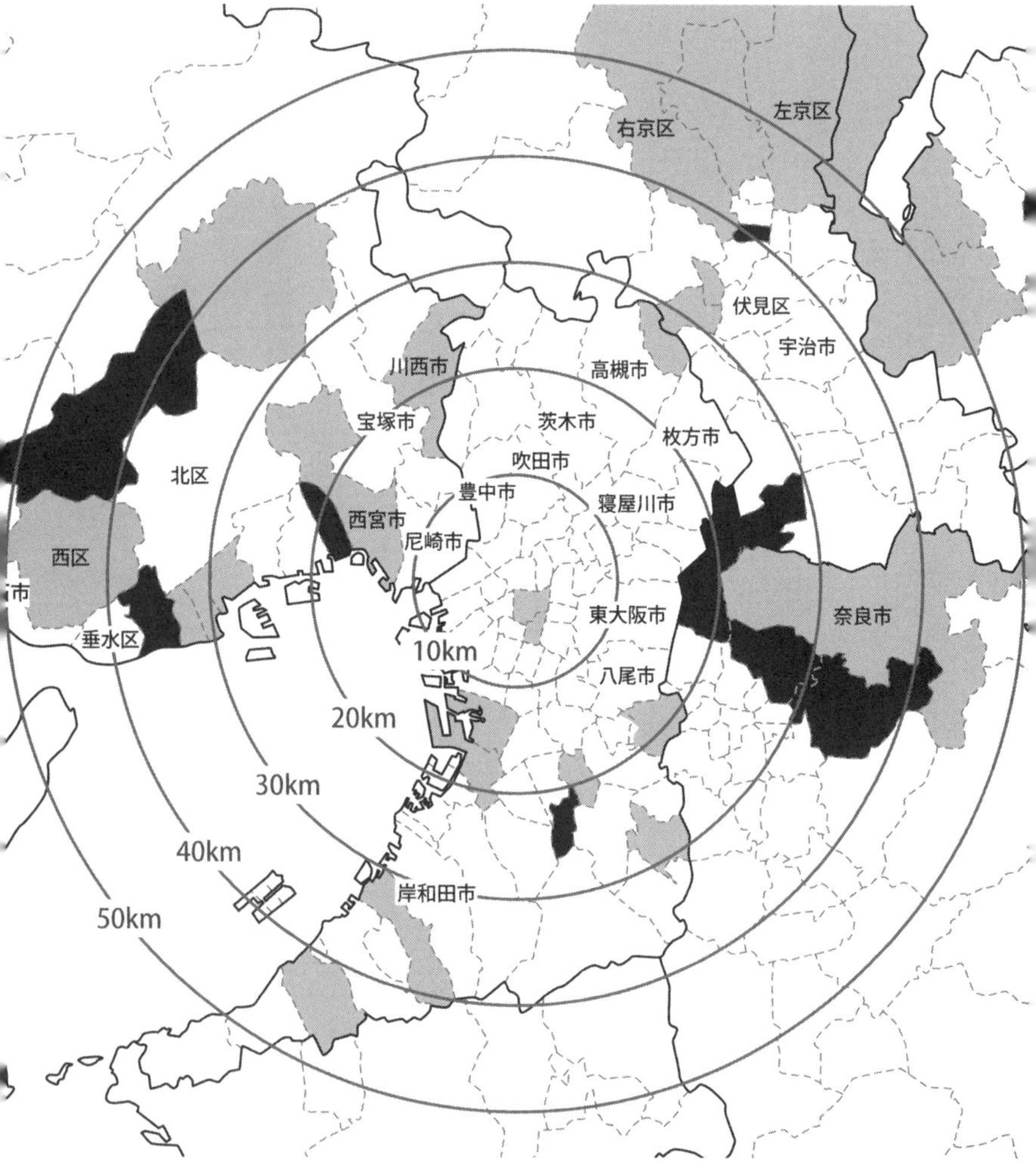

黒：満足度指数が高い（1.2〜0.66）　灰色：満足度指数がやや高い（0.65〜0.38）
注）名称が入っている市区は、NHKの予測で2040年の空き家が1万戸以上
資料：三菱総合研究所「生活市場予測システム」（2022年）を元に作成

図表1-9

住環境に対する満足度が高い市区町村（名古屋圏とその周辺）

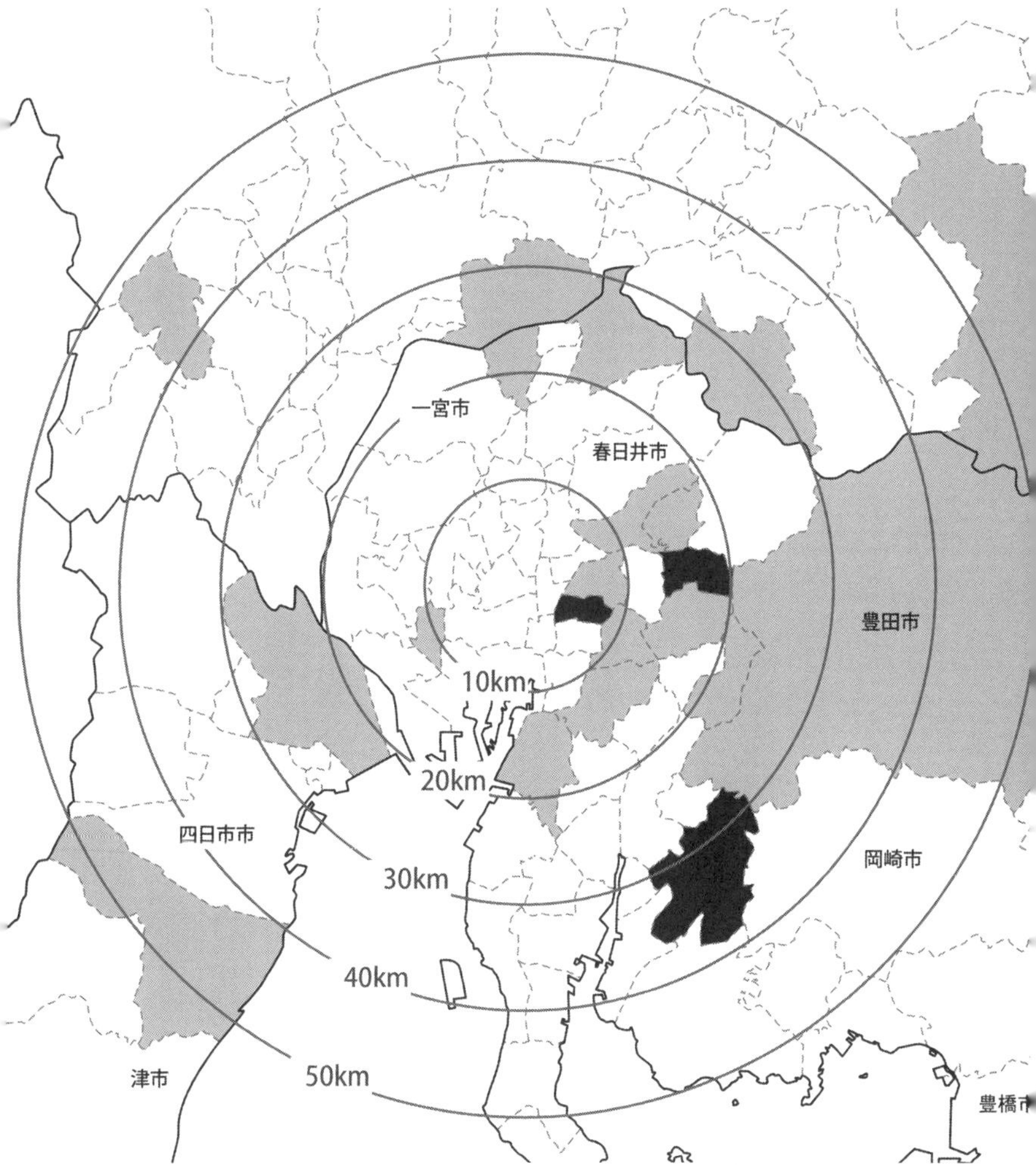

黒：満足度指数が高い（1.2〜0.66）　灰色：満足度指数がやや高い（0.65〜0.38）
注）名称が入っている市区は、NHKの予測で2040年の空き家が1万戸以上
資料：三菱総合研究所「生活市場予測システム」（2022年）を元に作成

郊外住宅地である枚方市、高槻市、豊中市、八尾市、吹田市、寝屋川市、茨木市ともに住環境満足度は高くない。

また名古屋圏では、空き家数1万戸以上と予測される5市のうち、満足度が高いのは豊田市だけであり、その他は満足度が高くない。

このように、3大都市圏で増え続ける空き家のなかでも現時点ですでに住環境に対する評価が高くない郊外住宅地では空き家が特に多いし、今後も増える地域だと思われる。逆に言えば、空き家が増えるから住環境満足度が下がるとも言えるだろう。かつての郊外住宅地に住もうという人は、放っておけば減るばかりなのである。

戦後の高度成長期以降、地方から大量の人口移動が起こった。1980年代になると、人口の多い団塊世代が郊外に引っ越したので、東京圏でいえば都心から30～50キロ圏にかけてドーナツ状に人口が増えた。その子どもである団塊ジュニアがすでに50代となりはじめ、団塊世代の親の家をどうするかという問題に直面することになるのだ。その家の多くが30～50キロ圏にある。一方、すでに説明したように30キロ圏外の住宅へは今後下がっていくことが予想される。ますます実家の処分が難しくなっていくと考えられるのである。

私は、2012年に『東京は郊外から消えていく！』（光文社新書）を出版した。きっかけになったのは、仕事で埼玉県の狭山市を訪れたことだ。狭山市は東京駅からだと40キロ圏である。そこでたまたま中古マンションのチラシを見て私は目を疑った。それは2LDK、52㎡のマンションだった。間取りもよく夫婦2人で住むのにちょうどよさそうで、子どもが独立したあとに戸建てから住み替えるのに適当だと思えた。ところが価格は、なんと390万円なのだ。築40年で西武新宿線の新狭山駅からバス10分。決して便利な物件ではないが、総戸数770戸の大規模物件で管理が悪いとは思えない。キッチン、バス、トイレは数年前に交換され、洋室のフローリングや壁紙も数年前に替えられている。通勤の必要がない定年後の夫婦なら、駅まで遠いこともさほど問題ではない。それなのに値段は390万円なのだ。

ここまで安くしないと売れないということは、空き家になる可能性も高いということだ。それでは今後郊外住宅街がゴーストタウンになる可能性がある。では、どのような郊外が生き延びるのか？　ゴーストタウンになりかねない街を「ゴールドタウン」に変えるにはどうすればよいか？　その方法を提案するために出版したのである。

その後郊外の各地では人口減少・高齢化対策のために施策が検討されるようになった。私も郊外の各地（横浜市、川崎市、多摩市、小金井市、国立市、さいたま市、所沢市、狭山市、春日部市など）や鉄道会社で講演活動をしてきた。だがまだ空き家対策については決定的な施策はないようだ。地道に取り組んでいくしかない。

本書では、空き家対策のための1アイデアをこれから示していく。

4 空き家は売るのではなく、Z世代に借りてもらう

両親から相続した家、特に都心から30キロ圏外の家を売却するのは今後ますます難しくなる。また、仮に売却できたとしても価格はきわめて低い可能性がある。この問題を解決するには、新たな発想が必要だろう。その一つとして提案したいのが、空き家を売却するのではなく賃貸で活用することだ。今後の借り手のターゲットは、ずばりZ世代（今の10〜20代くらい）である。彼らが一人暮らし、結婚などで家を求める時、郊外住宅地の家を借りたり、買ったりする可能性を追求してみたいのだ。

Z世代の親はほぼ今の40〜50代くらいであり、団塊ジュニア世代を中心とする。Z世

代の祖父母は今の70～80代であり、団塊世代が中心にいる。だから今後、団塊世代のマイホーム＝団塊ジュニアの実家の空き家問題が激増する。団塊ジュニアは自分の家があれば実家は不要だ。しかしこれから独立しはじめるZ世代に、祖父母世代の家を借りたり、引き継いだりしてもらえれば問題はかなり解消されるはずだ。

05 家財付きで貸す手もある

たとえば先ほどの新狭山駅の隣にある狭山市駅から徒歩17分の戸建住宅を例に、少し具体的に考えてみたい。築年は1972年なので、団塊世代（1947～49年生まれ）よりも少し上の世代が購入した可能性が高い。2階建ての物件の間取りは3DKで、販売価格は790万円である。それなりの価格であるようにも思えるが、この物件は2022年に浴室、トイレ、給湯器、キッチン床、廊下張り替えのリフォームがされている。そのため、仮に790万円で売却できたとしても、実際に手元に入る金額は、リフォーム費用と、仲介手数料や譲渡所得税などを差し引く必要がある。

2章でも説明するが、中古住宅の売却を不動産会社に依頼する場合、一定レベル以上のリフォームがされていることが前提である。一定レベルとは、「売却するにはこの程度のリフォームが必要」という不動産会社の経験則に基づくものだ。そのために必要な費用は、水回りのリフォームだけでも300万円程度かかると言われている。

つまり手元には400万円弱しか残らない。

だがこれを月4万円で貸せば10年で480万円家賃が入る。もちろん貸す場合は、ハウスクリーニングを行う。特に台所、洗面所、風呂、トイレなどの水回りは清潔な状態にする。だがリフォームについては最低限で済ませる。どこまで手を入れるかは、借り手と相談しながら決めていく形でよい。この点については3章で説明したい。

さらに空き家の処分において課題になる家財も、明らかに不要と思われるもの以外は、処分するのではなくそのままの状態で貸す。大学新入生など新たに一人暮らしを始める借り手にとっては、初期費用がかからないというメリットがある。さらに、借り手が入居前に自分の手で部屋を整理して不要品を捨ててくれるなら、貸し手は廃棄にかかるコストを減らせる。その分、敷金などを割り引いてもよい。コスパ指向の強い現在の若者には、そのほうがメリットがある。

狭山市駅から徒歩20分ほどの賃貸物件の家賃相場を調べると、2K程度のアパートで家賃が約4万円である。これと同じ金額、またはさらに安い金額で戸建てが借りられるのであれば、きれいにリフォームされていない状態でも借り手は見つかるのではないか。実際に貸すことができれば、固定資産税などの経費を差し引いてもプラスになる。

もちろん、賃貸に出した場合のリスクもある。たとえば水回りの設備が壊れれば修理が必要になる。また、賃貸物件として活用した後で売却を決意した場合、現在よりも価格が低くなる可能性もある。

ただ、両親が建てた、または購入した家を売却してしまうことへのためらいから、なかなか売却を決意できない状態にあるのであれば、当面、定期借家の賃貸物件として活用することは、しかも家財付きでもよいとすれば、それは新たな選択肢になる。定期借家とは、家を貸す期間をあらかじめ決めておく方法である。定期借家にすることで、たとえば家の最終的な活用方法を決めるまでの期間だけ家を貸すことが可能になるのだ。

06 古着など中古品市場が拡大している時代の新しい価値観

両親が建てた、または購入した家を家財つきで貸す。このような昭和の戸建てを貸す相手としてZ世代にフォーカスした理由の一つは、この20年間で日本の消費傾向が大きく変化したことである。

たとえば安い物を買うことが当たり前になったし、中古品を買うことにも抵抗がなくなった。また、物を直して使う機会も増えた。それも洋服や鞄などを修理するだけでなく、住宅のリフォーム、リノベーションをする人も増えたのだ。このような傾向は若い世代ではすっかり定着した。

私が代表を務めるカルチャースタディーズ研究所が2023年に行った「シン家計調査」では、中古品の購入状況を知るために20〜60代を対象に、1人当たりの中古品の消費額を調査した。1人当たり消費額を集計すると、多くの費目で20代が最も多いことがわかった（図表1-10）。

図表1-10

中古品の1人当たり年間消費額（円）

1人当たり消費額	全体	20代	30代	40代	50代	60代
古着	2,803	3,155	3,135	3,268	2,189	2,388
中古家具・古道具・骨董品	1,674	2,297	1,802	1,707	1,162	1,597
中古パソコン・スマホ・タブレット	2,402	3,068	2,106	2,566	2,005	2,386
中古家電・AV機器・美容器具	1,893	2,667	1,906	1,969	1,453	1,656
中古の家庭用品・日用品・食器・調理器具	1,797	2,440	1,762	1,739	1,363	1,863
古本・古雑誌	2,560	2,720	2,535	2,763	2,278	2,543
使用途中の化粧品	1,531	2,147	1,658	1,405	1,180	1,453

資料：カルチャースタディーズ研究所「シン家計調査」2023
出所：三浦展『孤独とつながりの消費論』

各年代でどの費目の消費額が多いかを見ると、20〜40代では古着の消費額が最も多い。だいたい1人年間3200円くらい使っている。これは古着を買わない人も分母になっているので、実際古着を買った人を分母にすると、20代は1万2000円、30代は1万1000円、40代は9600円を消費している。

同様に中古家具・古道具・骨董品を買った人だけを集計すると、20代は年間1万1711円、30代は1万2619円使っている。若い世代にとって衣と住の分野で中古品を買うことはかなり日常化していると言える。

費目ごとの中古市場規模を推計すると、最も規模が大きいのは古着市場で年間2132億円とい

図表1-11

中古品の年間市場規模推計（億円）

	合計	20代	30代	40代	50代	60代
古着	2,132	398	426	565	386	357
中古家具・古道具・骨董品	1,273	290	245	295	205	239
中古パソコン・スマホ・タブレット	1,827	387	286	444	353	356
中古家電・AV機器・美容器具	1,440	337	259	340	256	247
中古の家庭用品・日用品・食器・調理器具	1,367	308	239	301	240	278
古本・古雑誌	1,947	344	344	478	402	380
使用途中の化粧品	1,164	271	225	243	208	217
合計	11,150	2,335	2,024	2,666	2,050	2,074

資料：カルチャースタディーズ研究所「シン家計調査」2023
出所：三浦展『孤独とつながりの消費論』

う結果が出た（図表1-11）。これまで「中古品」という言葉からイメージされるのは古本・古雑誌や、中古家具・古道具・骨董品などだった。ところが今や、古着が中古品市場の柱になっているのだ。

２０２１年12月に発行された「ＲＥＰＯＲＴ ＯＣＥＡＮ」によると、世界の古着市場は２０２１年から２０２７年に年平均11・１％以上成長するとされている。また、中古衣料のＥＣサイトを運営する米国のスレッドアップが米国で実施した調査によると、米国の古着市場は従来型のファッション小売市場の約11倍のスピードで成長していて、２０３０年には８４０億ドル（約11兆円）規模の市場に拡大するという。同じ年に予想されるファストファッション市場規模は、およそ400億ドル（5・2兆円）なので、なんと2倍以上である。

古着市場がこれだけ成長すると見込まれているのは、SDGs問題があるからだ。売れなかった衣料品をメーカーが捨てるのはダメ、買った商品を消費者が捨てるのもダメな社会に向かっているからである。今後、この流れが止まることはないだろう。日本の古着市場は、今後も発展していくことが予測されるのだ。

日本での古着人気自体は1980年代から広がり始めた。最初はファッションに関心が強く、かつロックバンドや演劇をしている人が中心だったと思う。それが90年代になると、もともと古着屋のあった原宿でさらに古着屋が増え、下北沢や高円寺などでも古着屋が増えていった。当時中高生だった80年代生まれは、古着だけでなく、古いスニーカーを求めて原宿などに買い物に来ていたのだ。こうして2000年代には、若者は相当な割合で古着を着るようになっていた。

1980年代生まれも今は40代に入った。夫婦揃って古着が好きとか、子どもに古着を着せる人が増えている。実際、子ども服を売る古着屋も増えた。つまり現在の40代以下は、古着を当たり前に着る世代が分厚いマーケットとして存在するのだ。

07 「自分らしさ」「掘り出し物」が古着の魅力

実は私自身も、2022年の年末から古着にはまってしまった。知り合いの20代の男性に古着好きがいて、最近の古着の傾向を聞いて興味を持ったのだ。もともと私、古着屋が無数にある中央線・高円寺駅周辺の町が好きで、古着を買ったことはほとんどなかったが、月に何度かは、個性的な店を見ながら街を歩いている。だから、古着の動向を聞いた私は、久しぶりに高円寺の古着屋にいくつか入ってみることにした。

多くはラルフ・ローレンやエディー・バウアーなど、1990年代に私が仕事やプライベートで普通に着ていたブランドを売る店だったが、1980年代のDCブランド（コムデギャルソン、イッセイミヤケなど）を多数売る古着屋も発見した。新品なら5万〜10万円したから買えなかったものが1〜3万円台で買える。今現在の流行が好きなら今の新品を買うだろうが、今の私はあくまで自分が好きな、自分に似合う服を買いたい。そういう意味で古着がこんなに多様化し、充実しているのはとてもメリットがある。また、異なる時代の、異なる流行デザインの、異なるブランドを「自分らしく」コーディネートして着ることが古着だとできるのも魅力だ。

また、何と言っても古着をずっと見ていると、予期せぬ出会い、掘り出し物感（いわゆるセレンディピティ）があるのが楽しい。値段が高いので店に入ることすらなかったブランドの服も買えるし、知らなかったブランドにも「こんなに良い物があるのか」とわかれば買う。今までにはまったく感じたことがない発見の喜びがあった。

古着屋探訪や店主への取材を重ねて、『孤独とつながりの消費論』（平凡社新書）という本を書いた。そしてこのたび、空き家問題について本書を書くにあたり、思いついたのが、**「Z世代などの若い世代は、昭和の戸建てに古着感覚で住むのではないか」**という仮説だった。

現代の若者は、多様な職業や働き方が当たり前になった一方で、安定した収入が期待できる正社員として働く比率が下がっている。安定した収入が見込めなければ家を買うことは難しいし、賃貸を選ぶにしても、できるだけ負担を減らそうとするだろう。

であれば、かっこよさげにリノベされていない昭和の戸建てでも、家賃が安ければ借りるのではないかと考えたのだ。そして古着好き世代は、単にそういう経済的理由で仕方なく古い家を選ぶのではなく、むしろ積極的に古い家を選び、愛着をもって住むようになるのではと考えたのである。

08 ストーリー性と一点物という魅力があれば中古住宅もZ世代に刺さる

この考えの元になった事例を一つ紹介しよう。前橋市の中心部にある寂れたアーケード街に、2022年11月にオープンしたばかりの古着屋「服屋シャオ・そなちね」を取材したときのことだ。店主の高橋颯《かざむ》さん（まだ大学生）は、店のコンセプトについて「自分の父親世代（50〜60代くらい）からおじいちゃん世代（80〜90代くらい）の服を仕入れて若い世代につないでいくこと」と教えてくれた。

さらに、若い世代につないでいくために服を仕入れる方法もユニークだった。

「最近おじいちゃん世代の断捨離が多くて、知り合いの古道具屋さんが、古い家にある物を『タダでいいから全部持っていって』と言われることが多いんです。僕もそれについていって、洋服をレスキューするんです」

高橋さんが言う「レスキュー」とは、まだ使えるのに捨てられそうになっている物を

「救い出す」ことである。ソナチネの店内を見せてもらうと、レスキューされた50〜60年前に仕立てられたと思われる背広がずらりと並んでいる。その当時は既製服を買うのではなく、テーラーに頼んで背広をあつらえるのが普通だったのだ。

「とても良い生地を使って、その人の体型に合わせて作られています。だから一着一着が素材も形もサイズも全部違う」

たしかにハンガーで吊るされた背広は、ユニクロや百貨店に並んでいるものとは違って、サイズがまったく不揃いだ。おじいちゃん世代があつらえた、既製服ではない背広の中から、気に入ったものを試着して、もし自分の体にぴったりだったら、それは究極の一点物である。一点物であることは古着の魅力の一つだが、その魅力がおじいちゃん世代の背広には凝縮しているのである。

さらに高橋さんによると、最近の若者は背広の裏に刺繍された所有者の苗字に惹《ひ》かれるという。当時背広には苗字が刺繍されるのが普通だった。私の考えだと、さすがに苗字が刺繍してあったら誰も買わない、古着屋も仕入れないと思っていた。ところが現代の若者にとってはそれが積極的な魅力になるというのだ。

「その人のためだけに作られた背広を着ることで、その人の人生を感じるというか、自

店内にはサイズの違う背広がずらり。「昭和の背広に刺繍されている苗字からもストーリー性を感じる」と語る高橋さん

分とのつながりを感じるみたいなところがあるんです」と高橋さんは言う。大学の入学式に着るために背広を上下で買いたいという高校生もいたそうだ。私の世代は、父親や祖父の世代が着た服を着るなんて、想像したこともない。

ところが、父親や祖父の世代の服に、それも赤の他人が着ていた服に魅力を感じる世代が誕生したのだ。それどころか、大学の入学式という記念すべき日に着るために古着の背広を買う高校生さえいるのだ。

セーターやトレーナーとは違い、背広は体型が同じでないと気持ちよく着られない。自分と同じ体型の人が60年前にいたと感じたとき、強いつながりが感じられるらしいのである。これは私も実にびっくりした新しい感性である。

09 オールドタウンは古き良き町

従来であれば新しい服を購入したであろう場面で、あえて古着を選ぶ。それは究極の一点物であることに価値を感じているからであろう。考えてみれば、昭和の戸建ても究極の一点物である。たとえ同じ間取りの建て売り住宅を購入したとしても、その後リフォームをしたかもしれない。仮に手を加えていないとしても、その家に置かれている家財を含めれば、その家は究極の一点物なのだ。

究極の一点物である昭和の戸建てにただ住むだけでなく、そこにかつて住んでいた人の人生を感じ、自分とのつながりを感じることに価値を見出《みいだ》す。古着好きなZ世代の中には、そのような価値観を持つ人が存在するのだ。

ニュータウンがオールドタウンになりゴーストタウンになる危険があるのは周知の事実だ。しかし現代の若者の感性からすれば、オールドタウンは古ぼけた町ではなく、古き良き町かもしれない。中古住宅も、古着同様、傷やかすれも味の一つであると感じられ、一点物の魅力を持ち、それまで住んできた人のストーリー性を感じさせるものになる可能性がある。

また高橋さんは、家財つきの中古住宅についても、家財の状態にもよるが、古い物が好きなので、そのまま借りることはありうると言う。

後で詳しく紹介する江東区森下の古着屋の武田さんも「古着の魅力の一つに、以前の持ち主のストーリーに想いをはせるということがあります。古着に魅力を感じる人であれば、家具や家電など、そこに置かれている家財のストーリーにも興味をもつような気がします」と言う。

80年以上前に建てられた古民家と呼ばれるものは、古着でいえばヴィンテージである。色があせて、傷が付き、破れたジーンズであっても、それがヴィンテージジーンズとして数百万円の値段がつくことすらある。50年以上前に建てられたマンションでも、管理が良く、デザインも良いものはヴィンテージマンションと言われて今や1ジャンルを形成している。

そこまでは無理でも、築40年から50年くらいの戸建て住宅が、ラルフ・ローレンの古着のように、普通だけど質の良い状態であるなら、中古でも、リノベなんかしなくても評価される時代が来ているのだ。あるいは、かなりオンボロだけど、自分の好きなようにＤＩＹして直して住みたい人もいる（１０６ページ）。家財付きで借りることに意味を感じる人もいる（92ページ）。

若い世代の新しい感性を理解することで、まったく別のビジネスモデルを生み出していけば、空き家問題は、もっと楽しく豊かに解決できるだろう。

第2章

マッチングが良ければボロ家も売れる

01 なぜ空き家の処分を先送りしてしまうのか

空き家になった両親の家をどうするか？　考えなければいけないとわかっていても、つい先送りしてしまう。まだ両親が元気であれば、なおさらだ。将来、空き家になる可能性があることがわかっていても、対応策を考えるのを先送りしてしまう。それは、ハードルをいくつも越える必要があるからだ。

第1のハードルは、家の中にある大量の物たちだ。数十年暮らしてきた家の中には家具、家電製品、衣類、食器、趣味で集めたもの、本、捨てられずに保管してある思い出の品などであふれている。

加えて、両親が高齢になると、整理整頓がおぼつかなくなる。足腰が弱り、特に2階にある物はまったく手がつかなくなる。家の中に不要品があふれていて、その処分から始めなければいけない場合も多い。両親が生活しながらなんとか不要品を片づけられたとしても、新たな壁にぶつかる。誰も住まなくなった時点で残った品々を整理して、誰かが引き取るものと処分するものに分け、実際に処分する必要があるからだ。

これを既に施設に入所している高齢の両親が行うのは不可能なので、子どもである自分たちが進めなければいけない。きょうだいがいれば作業を分担できるが、考え方や割《さ》ける時間の量に違いがあるため、話し合いや調整に時間がかかる。何より、思い通りに進まないストレスが重くのしかかる。

第2のハードルは、家は特別な場所であるということだ。両親が苦労して手に入れた場所というだけでなく、そこは、自分たちが育ってきた場所でもある。加えて、近所との付き合いがあって、実家を貸すにしても売却するにしても、その後、近所の人に迷惑をかけたくないという思いがある。「誰でもいいから貸す・売る」というわけには、いかないのである。

「ご両親の自宅のことで相談を受けることがありますが、実際に売却や賃貸まで進む割合は低い」と語るのは、株式会社ハウスメイトマネジメントの伊部尚子さんだ（巻末コラム❶）。同社の主な業務は賃貸物件のサブリースや管理・運営だが、両親の家が空き家になった子ども世代から両親の家のことで相談を受けることがあるという。

「たとえば、実家を売却するのか賃貸にするのか迷われて、とりあえず賃貸にする場合に必要なリフォーム費用の見積もりを依頼されることもあります。でも、見積もりを出しても、あまりに高い金額に驚かれ『しばらく考えさせてください』となって、そのままになるケースもけっこうあります」

しかし、いつかは動かなければいけないタイミングがくる。そうなると家財が残ったままで土地と家をまとめて不動産会社に売却することも多いという。家財は丸ごと処分され、自分たちが育った家は壊され、更地になり、そこに新たな家が建つ。「できれば自分たちが育った家を残したい」という思いがあっても、諦めなければいけないことが多いのだ。

02 マッチングという新たな不動産取引

本当は、その家を必要としている人がいるのかもしれない。しかし、「必要としている人」と「家を売りたい人」をマッチングする仕組みがない。そのため、まだ十分に住める家が、しかも「住んでみたい」と思っている人がいるにもかかわらず壊されてしまう。SDGｓと逆行することが行われているのだ。

ポイントはマッチングである。そして、家を売りたい人と買いたい人をマッチングする仕組みがすでに存在する。その実例の一つが、空き家の買い手を自分で探すための掲示板サイト「家いちば」である。

空き家になった家を売りたい人は、同サイト上の掲示板に自分でメッセージを書き込む。そのメッセージを読んで興味をもった人から、売りたい人にメッセージが届く。その後、売りたい人と買いたい人の間でメッセージのやりとりが続けられ、物件の下見にも売りたい人が対応する。最後に、金額面などの条件でお互いが納得できれば商談成立である。

不動産の取引には、素人《しろうと》にはわからない問題やリスクが潜む。そこで、メッセージのやりとりは同社のスタッフが確認して、問題がないことをチェックしている。さらに、商談が成立した後は、物件の調査、契約書類の取り交わしなどをサポートする。

つまり、物件を掲載するところから商談が成立するまではセルフサービス。商談成立後は、一般的な不動産会社と同じサービスを提供しているのである。

この掲示板サイトを活用することで、Aさんは、以前自分が住んでいた家を売却できた。家が建ったのは昭和40年代。家は公道に面していないので再建築できない。建物は6畳2間ほどの平屋で風呂がいない。日当たりもよくなく、トイレはくみ取り式だ。それでも買い手が見つかったのは、Aさんが掲示板にこの家にまつわるストーリーを書いたからである。

若い頃のAさんは、持病のために数万円の家賃を払い続けるのも大変な状態にあった。あるときAさんは、知人の好意でこの家を破格の値段で譲り受ける。おかげでAさんは、経済的に立ち直ることができたという。合わせてAさんは、家の台所で体を洗った若き頃の思い出なども掲示板に書き込んだ。

建物の写真も、正直にあるがままの姿を掲載。「こんな写真しかなくて申し訳ない」と素直な気持ちを書いた。価格は、諸費用などが持ち出しにならない額とした。この家を、当時の自分のように経済的に恵まれない人のために役立てたいと考えたからだ。

03 「売れない家」をストーリーで売却できた

この書き込みに対して、1カ月で約30件もの問い合わせが来たという。中には、「家庭の事情で仕事を辞めて家を出ることになった」「母の介護のために帰省する際に泊まる場所として使わせていただきたい」など、かつてのAさんの状況とも重なるメッセージもあった。最終的に、Aさんが「ぜひこの人に」と思った人との間に商談が成立。「この家を、自分のように経済的に恵まれない人のために役立てたい」というAさんの思いが実現したのだ。

「もしもAさんが不動産会社に相談していたら、『うちでは扱えない』と言われたでしょう」と語るのは、「家いちば」を運営する会社の社長である藤木哲也さんだ。

「不動産会社はプロの経験則があるので、物件を見れば売れるか売れないか判断できます。その経験則からすれば、Aさんの物件は明らかに売れない物件です。ところが実際には買い手が見つかった。それはAさんの『ストーリー』があったからです。だからこそ、Aさんのリアルなストーリーに関心をもち、『この家を役立てたい』という思いに共感してくれる人が見つかった。これまでの不動産流通にはない新たな形だと思います」

マッチングのカギは、Aさんが掲載したようなリアルなストーリーなのだ。

その一方で「家いちば」の掲示板には、一般の不動産情報サイトに必ず掲載されている物件の間取り図が掲載されていない。これは、売主の負担を下げるための工夫として始めたことだと言う。実際に運用を始めると、プライベートな内容まで投稿する売主が増え、Aさんのように従来では売却が難しい物件も、販売できるようになった。プライベートなストーリーの方が、間取り図のようなスペック情報より力をもつことがわかったのだ。それも不動産という、決して安くない取引において。

掲示板には、一般的な不動産情報サイトと同様、物件を紹介するための写真が掲載されている。もちろん掲示板に情報を掲載する作業もセルフサービスなので、写真を撮影したのは売主である。

一方、一般的なサイトに掲載されている写真は、売主ではなく不動産会社の社員が撮影したものだ。両者を比較すると、明らかに売主が撮影した写真の方が見た人を惹《ひ》きつける力がある。それは、売主は物件の魅力をよく知っているからだ。不動産会社の社員が、物件の魅力がどこにあるかについてあまり考えず、形式的に撮影した写真よりも、魅力を伝える力があるのは当然だろう。

家いちば株式会社　藤木哲也さん

自身で物件の写真を撮影する場合は、一

般的な情報サイトに掲載されている不動産会社が撮影した写真をマネしてはいけない。これは、空き家を売却または貸す場合に重要なポイントだ。

04 釣り道具込みでも売却できる

空き家の売却を一般的な不動産会社に依頼すると、まず不動産会社が考えるのは、売りやすい状態にすることだ。室内に残っている家財道具などは片づける。リフォームを行い、修繕が必要な部分を直す。その上で売りに出すわけだ。ちなみに空き家に残っている家財などは、不動産業界では「残置物《ざんちぶつ》」と呼ばれている。まさに厄介者扱いなのである。

問題は、この残置物の処分やリフォーム、修繕には費用がかかることである。もちろん費用を負担するのは売主である。

藤木さんによると、一軒家の残置物の回収処分を依頼すると20～30万円、大きな家では百万円近くかかることさえあるという。さらに、水回りのリフォームや屋根の修繕など最低限の工事でも、百万円では収まらないこともある。

手を加えた物件が数千万円で売れるエリアにあれば問題ないが、数百万円程度しか期待できないエリアでは、たとえ家が売れたとしてもほとんど手元に残らない。それどころか売りに出しても買い手がつかず、売買価格を下げざるをえなくなり、最終的には赤字になってしまうリスクさえあるのだ。

それならば、手を入れずに売却したいと考えるのが自然である。

ところが、物件の状態を整えることが前提である不動産会社に断られてしまう。このような手詰まりの状況が、空き家が増え続ける背景にあるのは間違いない。もちろん自治体も手をこまねいているわけではなく、自治体が主導する空き家バンクという制度がある。しかし実際には、「いろいろ条件をつけられ、空き家バンクでは扱ってくれないケースも多い」という。

一方、「家いちば」であれば、リフォームをしていない、また残置物を処分していない空き家の情報も掲示板に掲載できる。この方法を使って実家を売却することに成功したBさんは、実家には大量の残置物があったため、本当に反応があるのか半信半疑だったという。ところが、掲載してから1週間もしないうちに30件を超える問い合わせが入り、最終的に残置物を含めて売却できた。それどころか、Bさんの父親が残した釣り道具を、喜んで使ってくれることになった。それまでは厄介者に過ぎなかった残置物を、大切に使ってくれる人とのマッチングに成功したのだ。

「Bさんにとって悩みの種だった家が売れただけでなく、ご両親が残したものを喜んで使ってくれる人に引き継ぐことができた。世の中では『空き家問題』と言われますが、空き家で幸せになることもできると感じています」

両親の家を処分するために、残置物を処分する。聞いただけで気持ちが暗くなるのは、残置物が「思い出の品」だからだ。しかし、これまでの仕組みで空き家を売却するには、その「思い出の品」を残置物として処分しなければいけない。もしその残置物を含めて買ってくれる人が現れたら、さらに残置物ではなく「大切な物」として使ってくれたとしたら、思い出の品を引き継ぐことができるのだ。たしかにこれは幸せなことだろう。

05 マッチングで買い手の人柄も確認

Bさんが、父親の残した品を引き継いでくれる人に出会えたのは、空き家の掲示板サイトという新たなマッチングの仕組みを通して、物件に興味をもってくれた人とコミュニケーションをとることができたからだ。

掲示板サイトでは、成約までのプロセスは、売り手が進めるセルフサービスとなっている。その分手間はかかるが、代わりに買い手の考え方、人柄などを探ることができる。自分が育った家や両親が残した物を大切に使ってくれそうか、ある程度判断できるというわけだ。加えて残置物の処理についても、買い手に任せる代わりに売却価格を割り引くといった個別の交渉が可能なのである。

売り手の中には、掲載後の問い合わせの内容を見ることで、「この家に興味をもつ人がいるんだ」と自信をもち、それまで厄介者だと思っていた家の価値に気づく人もいるという。すると、多少リフォームを行う、また、明らかに不要だと思われる物を片づけることで、さらに家の価値を上げようと考える人もいるそうだ。

従来の不動産の売買では、買い手との間に不動産会社が入るため、売り手は、買い手との問い合わせや物件の下見に対応する必要はない。売り手は、ほぼ契約が決まった時点で、初めて買い手と対面することになる。手間はかからないが、買い手がどのような人なのかを知る機会はない。というよりは、買い手の人柄などはまったく気に掛けない売買方法だったのだ。

06 それぞれの個性に合った借り手・買い手がいるはずだ

私は新潟県で生まれ、新潟県で育った。故郷にある父が建てた家は、父、そして母の死後、私への相続が済んでいて、現在いわゆる空き家の状態になっている。まだ築35年であり、建築好きな父が納得のいくように作ったもので、大工さんもしっかりした人だったので、普通の2倍の単価をかけている。だからまだ廊下も階段もミシリとも言わない。

とはいえ、固定資産税と水道光熱費を払い、たまには庭の手入れもする、東京からの交通費もかかるとなると、年に30万円はかかる。これは負担である。

しかし、田舎にはまだ仲のいい同級生がいるし、日本最古の映画館があり、ミニシアター系の良い映画を上映している。古い料亭の社長とも友だちになれたので、おいしい料理をおごってもらえる、などの理由もあり、まだ所有している。そもそも遺品整理が母の死後5年経っても、まだ終わらない。大きな物は思い切って捨てたが、昭和レトロ好きの若い女性に食器をあげたり、着物や茶道好きの女性には着物や茶碗をあげたりした。母の洋服は最初は捨ててしまったが、古着屋さんと知り合ってからは、古着屋さんに引き取ってもらった。しかしまだ祖父母のアルバムまであり、これをどうするかが最後の課題だ。

それと、仮に東京に大きな地震が来たとき、家族がしばらく暮らすことができるというのも実家を所有し続ける理由の一つだ。しかし、何らかの理由で売却または賃貸にするときがきたら、私も、この章で紹介した釣り道具を含めて家を貸すことができたBさんのように、じっくりと相手を選びたい。

実家には書道ができるスペースと茶室がある。どちらも両親の趣味だった。本書の取材で会った学生は、郊外の空き家を活用したシェアハウスに住んでいたが、書道が専門で、将来も書道を仕事にしたいという。巨大な紙に大きな筆で書くためには10畳くらいの板の間が必要だそうで、もしそういう部屋のある家があって、書道をする仲間数名で住めるシェアハウスがあれば住みたいと言っていた。まさにわが実家は彼にふさわしい。私がついに実家を貸したり売ったりするとき、そんな借り手がちょうどよく見つかればいいのだが、と思いながら話を聞いていた。

それから何より重要なのは、実家の近くに住んでいるのは顔見知りばかりなので、新たに住むことになった人が、近所の人たちに迷惑をかけることは絶対に避けたい。欲を言えば、近所の人たちから「あの人に住んでもらってよかった」と言われる人に住んでほしい。

07 実家にぴったりの買い手と出会えた！

そうは言っても、どのような人がよいのか、はっきりしたイメージはなかったのだが、最近「こういう人なら」と思う出来事があった。ある日Ｆａｃｅｂｏｏｋを見ていたら、家財つきの家を借りて暮らしている編集者・ライターの井上瑶子さんの投稿が目にとまった。井上さんとは仕事で10年前に一度会っただけだが、その後山形に移住したのは知っていた。

私が気になった彼女のＦａｃｅｂｏｏｋの投稿は、引っ越して来た家の和室をほうきで掃除したという内容である。掃除機ではなくほうきというところにグッと来た。思わず井上さんに、「もし私の実家を誰かに貸すことがあったら、あなたのように、家を大切にしてくれる人に借りてほしい」とメッセージを送ってしまったぐらいである（巻末コラム❷）。

もう一つ。本書を書くための参考にしようと、実家の査定をしてみることにした。インターネットとは恐ろしいもので、私が本書のために空き家関連の情報を何度も検索すると、空き家の査定をしましょう、すぐに査定額を出しますというサイトの広告がたくさんFａｃｅｂｏｏｋに上がってくる。それらのサイトは査定をする会社を取りまとめるポータルサイトで、そこに査定を申し込むと実家の近くの会社3、4社から連絡が来るという仕組みだ。

ところが最初の一社が電話をしてきたが、担当者が新入社員なのかバイトなのか、まったく要領を得ない。しかもすぐに査定額を出すと言っておきながら、現地を見ないと査定はできない、私に家にいて中を見せろという。査定だけのために実家に帰るのは不合理なので、ここは断った。

次の会社は担当者の対応は良かったが、やはり査定はすぐに出ず、現地を見ないとダメだった。

最後に連絡が来た会社だけが、現地を見ずに簡易査定を出してくれた。とはいえ、ほぼ土地代だけであり、今はネットの地図サイトを見れば、外観からだいたいのことはわかる。どうして他社は簡易査定をしなかったのか疑問だ。とにかく査定をしてくれたのはこの会社だけだったので、実家に戻り現地内見もしてもらうことにした。

この会社は隣の町の工務店のようであり、リノベーションを新規事業にしているらしかった。だから私は、この会社は実家を安く買い取り、リノベーションして高く売るビジネスをしているのだろうと思った。

担当者がやってきた。まだ若い女性だった。対応も良い。この会社はまず買い手を見つけて、買い手がリノベーションをしたいのならその施行を行うというビジネスの仕方だった。そして彼女はとても信頼できそうな人だったので、こちらもいろいろ聞いた。彼女は卒論が和歌の研究、部活はオーケストラだという。

私はびっくりした。なぜなら彼女の卒業した大学は私が非常勤講師をしたことのある大学で、私の母は若い頃から短歌を作るのが趣味で、大手新聞社の歌壇に百回以上入選したことがある。そして母も母の両親も音楽教師。母の弟は指揮者で大学や市民オーケストラの指導者だからである。これだけのご縁はなかなかあるものではない。

「あなたが買ってくれませんか」、半分冗談半分本気で彼女に売りたいと思った。もし私が本当に実家を売るために査定を頼んだのなら、そのまま彼女に売ったと思う。今でもその気持ちに変わりはない。

空き家問題を解決するにはマッチングが大事という趣旨の本書のための取材で、こんなに簡単に実家を売るのに最適な人と出会えるのかと、本当に驚いた。

音楽一家なので実家にはピアノがある。病気を患《わずら》ってから十数年母はピアノを弾《ひ》かなかったので、とてもきれいな状態である。

「ピアノごと売るってことはできるんですか」と私はたずねた。

「そういうこともできます。家財を置いたままお客さんに見ていただいて、この家具は使えそう、使いたいという場合は、そのまま引き継いでもらって、要らないものを処分した費用は売値から差し引くということもできます」という話だった。

何だ、そうか、現実は予想以上に進んでいるのだ。家財を処分し、すっからかんの空き家にしなければ売れない、貸せないわけではないのだ！

だから本書の読者の皆さんも、もしすぐに実家を売ってお金にしたいとか、嫌いな両親の家はすぐ売りたいとかいうのでなければ、あるいは175ページに書かれているように、売れば3000万円以上差益が出る家だから、税金が控除される期間中に売りたいというのでなければ、もっといろいろな売り方、貸し方、利用の仕方があるということをよく調べてから、自分がこういうやり方で売りたい、貸したい、利用したいという方法をとっていってもらいたい。

それは、何と言っても「ぜひ、この人に引き継いでほしい」と思える人を見つけるためである。家財つきの家を借りて暮らしている井上さんや、私の実家を査定してくれた女性のような人に出会うためである。仮に私が、本当に実家を誰かに貸すことになったとき、この2人のような人であれば、きっと実家を大切に使ってくれるだろう。私は、晴れ晴れとした気持ちで、父や母に対して「こんな人に住んでもらうことになりましたよ」と心の中で報告できるはずだ。

井上さんや査定してくれた女性は、私にとっての「引き継いでほしい人」である。読者の皆さんにも、それぞれ「引き継いでほしい人」のタイプがあるはずだ。人それぞれの「引き継いでほしい人」と出会うにはマッチングが不可欠なのだ。

そこで、買い手を探すための掲示板サイト「家いちば」を例にとって、マッチングをする際、貸し手としてどのようなスタンスで臨めばよいかを考えてみたい。

08 買い手・借り手が家に共感することが重要

まず「面倒」という点について考えてみたい。「家いちば」では、物件情報の掲載だけでなく、興味をもった人の問い合わせや内見の対応をしながら商談を進めていく必要がある。これをセルフサービスで行うのは、面倒だと考える人もいるだろう。

実際、面倒だと考える人が多いからこそ、不動産会社は安い価格で物件を仕入れることができる。仕入れた後は、古い建物を取り壊して更地にして、新たな家を建てて販売する。当然のことだが、仕入れ値と建築費用の合計額よりも高く販売できるので利益が生まれる。面倒だと考える人が多ければ多いほど、不動産会社は儲けることができるのだ。

もちろん、仕事で忙しい生活を送っていて、実家の売却に時間を割くのは難しいかもしれない。また、遺産相続や相続税の支払いのため、早急に物件を売却する必要がある場合もあるだろう。そんな時、不動産会社の存在はありがたい。しかし、都心から離れたエリアにある物件では、売却できたとしても数百万円というケースも多い。相続税支払いのため、早急に物件を売却する必要性も低いだろう。それならば、時間をかけて

「この人ならば」と思える人との出会いを待つという選択肢もある。

「家いちば」で家を売却した人の中には、買い手とメッセージのやりとりを重ね、内見で実際に会ううちに、友だち関係のようになることもあるという。それは、一見面倒だと思われるプロセスを経たからだ。そして、友だちのような関係になることで、買い手の残置物に対する見方が変わる場合もあると藤木さんは語る。

「最初は、『残置物は売り手が処分するべきだ』と考えていた買い手の方が、『そのままでかまわないですよ。こちらで片づけますから』とスタンスが一変することがあります」

たとえば、不動産会社を通して購入した中古物件の一室に、古いアイドルのポスターが張ってあったら間違いなくクレームになるだろう。以前、その家にどんな人が住んでいたかまったくわからないので、そのポスターは未知の人が残していった物である。不気味に感じるのは当然のことだろう。

一方、商談のプロセスでお互い顔見知りになっていたら、それほど気にならないのではないか。むしろ内見の際に、古いアイドルのポスターを見つけた買い手は「実は、私もファンだったんです」と伝えるかもしれない。その瞬間、ポスターは残置物ではなく、相手を知り相手に共感する材料に変わるのだ。

藤木さんによると、内見の際、売り手がその家に住んでいた頃の思い出を熱く語ることが多いという。夏休みに親戚が集まって楽しい時間を過ごしたこと。今とは違い、当時は庭で犬を飼っていて、近くに住んでいた友だちが「犬を見せてください」とよく遊びに来たことなど。こうした思い出に買い手は共感して「この家を買いたい！」と思うようになり購入に至る。実は、このような消費行動は、コロナ禍以降、特に目につくようになってきた新たな潮流なのである。

09 空き家を応援する心理

この20年余りの間に、私たちは所得が上がらなくても楽しく暮らす方法を学んだ。バブル時代までの消費行動とは異なる、新たな消費行動が拡大・一般化したのである。

バブル時代までは、経済の成長とともに給料が上がっていった。加えて年功序列制も健在だったので、年齢とともに給料が上がっていくことも期待できた。そのため人々は、企業が次々に市場に投入する商品を、思いのままに購入できたのである。

ところがバブル時代が終わりを告げ、消費の形態は一変した。

たとえば、安い物を買うことが当たり前になった。それも、安かろう悪かろうではなく、安くても質が良い物、楽しくて満足できる物を買う。１００円ショップの出現で、センスの良い物、かわいい物、良いアイデアの物などを１００円で買えるようになったのだ。また、中古品を買うことにも抵抗がなくなった。各種中古品専門店、ネットオークション、ネットフリマ、リアルなフリマや中古店を活用することが当たり前になった。たとえば古着であれば高級品が１～２万円で買えることもある。

少し話がそれるが、最近では、特定のタレントをひいきにする「推し」という行動が定着した。たとえばアイドルグループでも、そのうちの誰か一人を特に「一推し」して応援する消費である。推しの対象はアイドルに限らず、俳優、お笑い、スポーツ選手、地下アイドル、さらにはアニメキャラクター、ゆるキャラのぬいぐるみでもよい。

このように応援する気持ちから消費が生まれるという新たな現象が注目され、「応援消費」という言葉も生まれた。推し活による消費は応援消費の一種だし、ほかにも被災地への支援や、最近定着しつつあるクラウドファンディングも応援消費に含まれる。

クラウドファンディングは、「群衆（クラウド）」と「資金調達（ファンディング）」を組み合わせた造語で、「インターネットを介して不特定多数の人々から少額ずつ資金を調達する」ことを指す。「こんなモノやサービスを作りたい」「世の中の問題をこう解決したい」といったアイデアや想いを持つ人が〝起案者〟として発信する。その発信内容に共感し「応援したい」「モノやサービスを試してみたい」と思った人は誰でも〝支援者〟として支援できるという仕組みである（参考：クラウドファンディング大手企業のキャンプファイアのホームページ）。

日本クラウドファンディング協会によると、クラウドファンディング市場の市場規模は、２０１７年度は77億円だったが、２０２０年度は５０１億円となった。

前述の「シン家計調査」でも「クラウドファンディング関連」の消費を年代別に見ると、圧倒的に20代の消費額が多くなっている。応援消費という新たな流れが、特に若者を中心に広まっているのだ（この事実から見えてくる点については、第4章で詳しく紹介したい）。

10 応援消費で「ボロ家」が売れた！

推し活消費や、クラウドファンディングなどを含む応援消費が特に若い世代で増えているのはなぜか。その理由をおさえておくことは、マッチングサイトで空き家を販売する際に役立つ。

応援消費が増えている理由は、逆の状態を考えてみるとわかりやすいだろう。もし、自分は誰からも推されていない、応援されていないと感じたらどうだろう？　それはものすごく孤独ではないだろうか。言い換えれば、そのような孤独な人が応援消費をする。その人は誰からも必要とされていないと感じるからこそ、自分を必要とする誰かを作り出そうとするのだ。

実は、人が働くのも同じ理由からである。自分の好きなことをするために働く人は実際には少数だ。普通の人は、好きなことでなくても働く。自分が電車やバスを運転しなければ客が困る。自分が鍵を開けなければ社員がビルに入れない。自分が料理を作らなければみんな腹をすかす。自分がいなければ誰かが困る、自分がいるからうまく回っていると思うから働くのである。働くことで、自分の存在理由を証明できるのだ。

応援消費の背景にも、自分の存在理由を証明したいという欲望がある。たとえば推しの場合、「私がファンを続けなければこの人はダメになる」という心理が働く。それが幻想かもしれないと自覚しつつも、そう思いたいという心理が働くのだ。

藤木さんによると、「家いちば」には「一般的な不動産会社から見ると買い手がつかない『ボロ家』ばかり掲載されているが、平均で10件以上の問い合わせが来る」という。「実際に成約した案件で、買い手の方から話を聞くと、『自分が買わなければ、きっと誰も買わないだろうと思った』と本音を教えてくれることがあります」

これはまさに応援消費である。ペットでも今は「保護犬」を飼う人が増えている。何かを助けたいという心理が現代人にはある。実は、これと似た動きが、すでに紹介したAさんが掲載した物件に対する問い合わせの中にもあった。問い合わせの中には、空き家再生事業を立ち上げ、生活困窮者向けに住宅を提供している人からの提案も含まれていたという。実際の提案内容は、「Aさんの『この家を必要としている人のために役立てたい』という思いを引き継ぎたい」というものだった。生活に困った人を応援するという目的のために家が売れる時代になったのである。

このように、やり方次第では、不動産でさえ応援消費の対象になり得るのだ。

11 応援したくなる鍵は、家を引き継ぎたくなるストーリー

応援消費につなげるために必要なのは、目にした人が応援したくなるようなストーリーである。古着の魅力の一つがストーリー性であるように、空き家にも魅力的なストーリー性が必要だ。

作り物ではなく、その家で体験したことや思い出が織り込まれたリアルなストーリー。そのようなストーリーを発信可能な形にできるのは、その住まいに住んでいた人だけなのだ。

一方、一般的な不動産会社を通した従来の募集方法では、物件のスペックしか伝えることができない。Aさんが掲載した物件が建ったのは昭和40年代のもので、不動産としては悪条件ばかりだった。おそらく興味をもつ人はいないだろう。そのため、仮にこの物件の売却を不動産会社に相談しても、「うちでは難しい」と断られてしまうに違いないのだ。

Aさんが掲載した物件は、再建築不可だった。そのため建物を取り壊して更地にしても、そこに新たな家を建てられないので、更地にして売却するという一般的な方法がとれなかった。一方、多くの物件は再建築できるので、家を取り壊して更地にして売却できる。しかし、自分が育った家を取り壊さず、できるだけそのままの形で誰かに引き継いでもらいたいという願いは諦めるしかないのだ。

一方、新たなマッチング方法を活用すれば、願いを実現できる可能性がある。そのためのカギは、自分が「引き継ぎたい」と思ったものが何なのか？　その「何か」が相手に伝わるようなストーリーなのだ。そのストーリーが、誰かの応援したい気持ちにつながれば、売り手の「引き継いでもらいたい」という思いを実現できるのである。

「家いちば」の掲示板には、親が亡くなって空き家になった経緯、自分が子どもの頃にその家で遊んだ思い出、離婚や転勤の話など、どちらかというと赤裸々な内容のストーリーが書き込まれることがあるという。この点について藤木さんは、「不動産とは直接関係がないことも、読む人からすると興味深いのだと思います」と語る。

「サービスを何度も使ってくださっている常連の中には、さまざまなエリアやタイプの物件に問い合わせを入れる方がいます。決して冷やかしではなく、人との出会いを楽しんで行動しているのだと考えています」

人と人の出会いから新たな何かが生まれる。多くの方が経験しているはずのことが、不動産の取引でも起こることがある。その出会いを作っているのが、マッチングの仕組みなのだ。

第3章

安易に
手を入れると
後悔する

01

中途半端なリフォームでは物件の価値は上がらない

空き家を壊さずにそのまま売却する、または賃貸として活用する場合、まずリフォームを検討するのが一般的だろう。長年住んでいた家は、さまざまな部分が傷んでいる。そこで外壁や屋根の補修、壁紙の張り替え、台所や風呂・トイレなどの水回りの改修を行い、新築の状態に少しでも近づけようとするわけだ。

さらに物件の価値を高めたいときには、リフォームではなくリノベーションが検討される。リノベーションは単なるリフォームとは違い、水道、ガス、電気などの設備の更新、壁を取り払うなどの間取りの大幅な変更などをするため大規模な工事を行う。

本格的なリノベーションを行う際には、内装や壁、屋根などをすべて取り払い「スケルトン」と呼ばれる状態にしてから工事を開始することもある。スケルトンとは、もともとは骸骨《がいこつ》を指す言葉だが、これが建築用語に転用され、骸骨のように建物の骨組み、構造体や内部の様子が透けて見える状態を指すようになった。スケルトンにすることで間取りの大幅な変更だけでなく、家全体をゼロから作り直し、かつ統一感のあるデザインにすることができるのだ。

当然のことだが、リフォームにかかる費用よりもリノベーション費用の方が高い。中古住宅の相場が数百万円のエリアでは、リノベーション費用が売却価格よりも高くなってしまうこともあるので、リノベーションではなくリフォームを選ぶのが一般的だろう。

しかし、先述のハウスメイトマネジメントの伊部尚子さんは「中途半端なリフォームを行うと、買い手や借り手が見つからず価格を下げざるをえなくなることがある」と指摘する。

賃貸の場合、すまいを選ぶ主な基準は立地、広さや間取り、築年数、値段などだが、これらの条件に大差がなければ、水回りなどの設備の新しさや清潔感などが決め手になる。たとえば水回りでは、キッチンや浴室や洗面所などがきれいで使いやすく、掃除がしやすい物件が人気だ。逆に言えば、水回りが劣化した古い設備の物件は選ばれにくいので、値段を下げるしか選択肢がなくなってしまうのだ。

だからといって、周囲の物件と同等の設備を目指すと費用がかかるので、最低限のリフォームで済ませることで、物件の価格を下げる方法が考えられる。ただし、一般的な不動産会社は、ある水準以上のリフォームがされている物件しか仲介したがらない傾向がある。

そこで、あくまでも売却限定になるが、2章で紹介したマッチングの仕組みを活用する方法もある。結果として、リフォームなしで売却できるかもしれないし、リフォームが必要だとしても、買い手と相談しながら最低限で済ませることができるのである。

02 1970年代の、変に洋風化した部屋にそのまま住む方がかえって潔《いさぎよ》い

一方、それなりの金額で売却が見込めるエリアでは、相談した不動産会社から、「リノベーションで物件の価値をアップしましょう」と提案されるかもしれない。しかし、リノベーションについても注意が必要である。なぜなら、そもそもリノベーション物件に住みたいと考える人の数が減少しているからだ。

先述の三菱総合研究所・生活者市場予測システム（m・i・f）によって、「現在古い建物を改修して新しくよみがえらせた住宅（リノベーション住宅）に住む」という設問に対し

て「あてはまる」「ややあてはまる」と答えた人の割合が、2011年から2021年までの10年間で、どのように変化したかを調べてみた。すると20代から40代で住んでいる人の割合が増えている。具体的には2011年には24・7%だったが、2021年には38・6%に増加している。年代的に見ると、特に20代で増加が大きく、27・8%から48・0%と、半数近くまで増えているのだ。

ところが、「今後古い建物を改修して新しくよみがえらせた住宅（リノベーション住宅）に住む」の10年間の傾向を見ると、20代でも住みたいという人が横ばいかやや減っている。つまり、この10年間でリノベーション住宅に住んでいる人は増えたが、これから住みたいと考えている人は伸び悩んでいるのだ。リノベーションが成長期から定着期に入ったとも言えるが、当初の新鮮味が薄れて、当たり前になったとも言える。

実際、私が古くから付き合いのある不動産会社の店長に話を聞くと、古いマンションを自分の好みにリノベーションしたり壁紙を張ったりして住むことに関心を持つ若い顧客がこの2〜3年減っているという。普通にイマドキの部屋であれば十分で、あえて自分好みに変える気がないらしい。リノベも、ある程度してある家が当たり前になったので、そこにさらに自分で自分らしく手を加えたいという心理が弱まっているらしいのだ。

あるいはスマホ世代は、リアルな部屋への関心が薄いのかもしれない。もしかすると、バーチャルな空間で快感が得られれば、それで十分なのかもしれないとも思う。

また、そもそもリノベーションは、もっと自由な発想で空間を作り替えるものであったはずだが、近年は、「こうすればリノベっぽいよね」という程度の量産化されたリノベーションばかりが増えて、すっかりマンネリズムに陥っていると感じる。

だからへそ曲がりの私は、そんなマンネリ化したリノベーション住宅に住むより、いっそのこと1970年代の、変に洋風化したダサイ部屋にそのまま住む方がかえって潔いというか、かっこいいし、すがすがしいのでは？　とさえ思っていた。実はこの予想が正しいことがわかったのだが、それについては後ほど詳しく紹介したい。

03 古い物を愛着をもって使い続ける時代に

リノベーション住宅に対して否定的な意見を書いたが、これはあくまでも「こうすればリノベっぽいよね」という、物件を売るためのマーケティング的なリノベーションに対する意見だ。ＳＤＧｓの潮流を見てもわかるように、今後は、新築をどんどん建てるやり方から、古い建物に手を入れて活用する方向に進んでいくはずだ。

すでに説明したように、この20年余りの間に、私たちは所得が上がらなくても楽しく暮らす方法を学び、中古品を買うことにも抵抗がなくなった。物を直して使うことも普通になった。洋服や鞄、時計の修理、割れた陶器を修理する「金継ぎ」など、昔と比べると使い捨てが減り、物を直して使うことが増えた。たしかに修理にはお金がかかり、大衆品の新品を買うほうが安い。しかし、長く使って愛着がある物であれば、お金をかけても直す人が増えた。そして、お金をかけて直すことでさらに愛着が増す。つまり、物を直して使うこと自体に価値を見出すようになったのである。

たとえば50年前のステレオでも修理すればいい音がする。というか昔の物のほうがデジタルの音より良いという人もいるし、私も実際30年前や50年前のアンプやプレイヤーを使ってＬＰレコードを聴いているが、デジタルよりも深みやコクのある音がすると思う。

また先述のように、この1年私は古着を着るようになったが、ブランド物でなくても、昔の物は質の良い糸や生地を使い職人が丁寧に縫製していることが多く、そうした物に触るだけでも幸せで、高い満足感が得られる。このように、私たちは、古い物を使うことで喜びを得られることに気づき始めたのだ。ＳＤＧｓ的にもそれが正しい。

同様に、住まいに対するリフォームやリノベーションに対する見方も変化していく可能性が高い。業者やオーナーが勝手に行ったリフォームやリノベーションではなく、自分でリフォームやリノベーションを行うことで日々の生活を送る場である住まいに対する愛着が増し、そこで暮らすことに喜びを感じるようになることは確かだ。

しかし今後は、リフォームをしたり、ありきたりのおしゃれなリノベをするよりも、古い家をそのまま愛することに関心が移っていくのではないか。

先ほど見たように「今後古い建物を改修して新しくよみがえらせた住宅（リノベーション住宅）に住む」と答えた人の割合は減っている。しかし、その背景には「こうすればリノベっぽいよね」という物件が増え、自由な発想で空間を作り替えるという、リノベーションの魅力が感じられなくなったことが影響している可能性がある。と同時に、リノベをして新しくおしゃれに見せることよりも、古いままいかに楽しむか、古い物の良さをどう見つけていくかに関心が移っているのではないだろうか。

04 マンションを借りると倉庫がついてくる

次に、空き家を賃貸物件として活用するポイントについて、実際の事例を通して考えてみよう。事例は、前出の伊部さんが関わったものである。物件は、東京23区内にある築45年のマンション。長年住んでいた人が退去したため、オーナーがリフォームをして募集を開始した。しかし、なかなか借り手が見つからない。オーナーの知り合いからの紹介で相談を受けた伊部さんは、マンションの管理を引き受けると同時に借り手を探す方法を考え、提案することになった。

実は、このマンションのオーナーは工場を経営していて、その工場に隣接する場所にマンションが建っている。そこで伊部さんが提案したのは、「マンションの部屋を借りた人が工場の倉庫を無料で使えるようにする」というものだった。この案が採用され、新たに募集を開始したところ、オーナーが希望する賃料から値下げをすることもなく、すぐに入居者が見つかったのだ。

なぜ、それまで見つからなかった入居者がすぐに見つかったのか？　それは、倉庫に思わぬ付加価値があったからである。

この事例を、工場の倉庫も合わせて貸した点に着目すると「うちの物件には倉庫なんてないよ」となってしまうだろう。しかし、付加価値をつけることで入居者が見つかった点に着目すれば参考になるはず。そこで、あえてこの事例を紹介することにした。

では、倉庫にどのような付加価値があったのだろう？　実は、倉庫を「アトリエ兼作品保管スペースとして利用できる」という形で募集したのだ。もちろん、ターゲットはアーティストである。作品を作るには広いスペースが必要。さらに作品を保管するためにもスペースが必要なのだ。アーティストにとって無料で使える倉庫はとてもありがたいのだ。加えて、作品作りの過程で音が出ることもある。しかし倉庫は工場の敷地内にあるので、ある程度なら音を出しても近隣からクレームが来る心配はない。

このように、作品の制作や保管が可能なスペースがあり、しかも音出しが可能な物件を23区内で見つけるのは至難の業である。だからこそ、あっという間に入居者が見つかったのだ。

改装前の倉庫の状態（写真提供：®ワクワク賃貸）

改装により、棚や不要物などを撤去。作品の展示や制作に活用できる自由な空間が生まれた（写真提供：®ワクワク賃貸）

倉庫つき物件に入居した2人のアーティスト

05

借り手の要望を知ることができるWEBマガジン

ここでひとつ疑問が生じる。都内のアトリエを欲しいと考えているアーティストに、いったいどのようにして物件の情報を届けたのか？　答えは「ワクワク賃貸」というウェブマガジンの存在にある。このマガジンに、アトリエ＋作品保管スペースとして利用できる倉庫付き物件として記事が掲載されたのだ。

「ワクワク賃貸」は文字通り、ワクワクするような楽しいコンセプトのある賃貸物件を紹介するウェブメディアである。マガジン内には「アトリエ賃貸推進プロジェクト」と題するカテゴリーがあり、アトリエを探しているアーティストがワクワクするような賃貸物件を取材。取材をもとに制作した記事を定期的に掲載している。

興味深いのは、マガジンが掲載されているWEBページから「空き待ち登録」ができることだ。マガジンに掲載された物件は、あっという間に入居者が決まることが多い。そこで、その物件が空いたらぜひ入居したいと考えた人が、空き待ちの登録ができるようにした。実際に登録しておけば、該当の物件に解約予告が出たとき、または同じコンセプトの物件が出たときにメールで情報を受けとることができるのだ。

この制度を使って空き待ち登録をしているアーティストは、なんと252人にものぼるという（2023年11月現在）。それだけのリストがあるからこそ、伊部さんが関わった物件もすぐに入居者が決まったのである。この「ワクワク賃貸」を運営する久保田大介さんは「ワクワクするようなコンセプトの物件を作るのはどちらかというと簡単ですが、入居者を見つけるのは難しい。この問題を解決するための方法を探るうちに、ウェブマガジンという形に行き着きました」と語る。

「ワクワク賃貸」編集長
久保田大介さん

マガジンの「アトリエ賃貸推進プロジェクト」の記事を見ると、物件の紹介記事だけでなく、アーティストがどのような物件を求めているかを知るために役立つ記事も掲載されている。

たとえば111人の作家を対象にしたアンケート調査の結果をまとめた記事によると、「どのようなタイプのアトリエを希望しますか？」という質問に対して、なんと46・7％の作家が「アトリエ付き住宅」と答えている。以下「シェアアトリエ」が22・

7％、「アトリエ専用スペース」が20・0％となっている。アトリエ付き住宅が支持される理由は、「移動時間がなく、いつでも制作に取り組め、なおかつ家賃が別にかからない」が多かったという。アーティストがアトリエに何を望んでいるのか？　それを簡単に知ることができるのだ。

そのほかにも希望するアトリエの広さ、アトリエのエリア、かけられる賃料、アトリエに望む条件まで調査されている。これを読めば、現在活用法を考えている物件が、アトリエ賃貸の条件に当てはまるかどうか判断できる。その上で、見込みがありそうだとわかったら、マガジンに掲載されている物件の記事を読めば、もう少し確度が高い判断ができるはずだ。

06 賃貸物件には想定外のニーズがある

マガジンには、アトリエ賃貸だけでなく、本格的にお菓子を作りたい人のための「菓子工房賃貸」、小規模の商売をしたい人のための「小商い賃貸」、自分だけのアクアリウム（熱帯魚や水草をレイアウトした観賞用の水槽）を楽しめる「アクアハウス賃貸」などの情報が掲載されている。

どのコーナーにも、物件の情報だけでなく、どのような条件が求められているかを解説する記事が掲載されている。アトリエ賃貸同様、活用法を考えている物件が該当するかどうか、ある程度自身で判断することができるのだ。

たとえ、どのコーナーにも該当しないことがわかったとしても、賃貸物件には、これまで想像もしなかったような活用法があることが見えてくる。今後は、ここに掲載されていない新たなジャンルの活用法が生まれてくるかもしれない。少なくとも、「空き家を賃貸物件として活用するなんて無理」という先入観をほぐす効用はあるだろう。

ちなみに、活用法を検討している空き家がウェブマガジンの掲載に値すると考えたとしても、実際に掲載するかどうかは久保田さんの判断による。加えて、久保田さんの本業は賃貸物件の管理業務だ。ウェブマガジンの制作・運営の仕事だけをしているわけではないので、取材や記事制作に割ける時間に限りがある。実際、WEBページ上に「掲載物件募集中」と記載されているわけではない。この点を念頭に置いた上で、どうしても必要だと思われる場合のみ、個別にコンタクトをとっていただきたい。

07 リフォームなし、残置物ありのシェアハウスとは？

次に、戸建て住宅をリフォームせず、残置物も片づけないままの状態でシェアハウスとして活用している事例を紹介したい。

物件があるのは、埼玉県の中央に位置する鳩山《はとやま》ニュータウンである。鳩山ニュータウンは昭和40年代から平成にかけて開発されたが、すでに人口の45％が65歳以上で、空き家も多い。

その最大の理由は、都心からのアクセスが悪いことだ。最寄り駅は東武東上線の高坂《たかさか》駅。駅までかなり距離があるので、鳩山ニュータウンからバスを利用する必要がある。所要時間は約10分である。高坂駅からは、急行を利用しても池袋駅まで約1時間かかる。23区内で働くとなると、エリアによっては片道2時間近くかかってしまうのだ。

それでも、バブル期には1億円を超える分譲価格が付いたが、現在では数百万円で売りに出ているという。

鳩山ニュータウンの様子。立派な家が多いが空き家と思われる家も目立つ

このニュータウン内にある家が、空き家になってしまったのだが、その後、リフォームをせず、さらに残置物を片づけないまま、シェアハウスとして活用されているという情報を入手した。リフォームなし、残置物ありの物件にどのような人が住んでいるのか？　興味をもったので取材することにした。

シェアハウスの名称は「ハウスT」。もともとこの家に住んでいた人のイニシャルからつけられたという。建物は昭和末期（1980年頃）に建てられた典型的な2階建ての木造家屋で、1階のダイニングキッチンの隣に和室があって、どちらも共有スペースとして使われている。その和室で、

ハウスＴに住む３人。部屋も家具も家電も昔のままだ

シェアハウスに住んでいる20代から30代前半の男性３人から話を聞かせてもらった。

驚いたのは、和室に置いてある家具やテレビ、ダイニングキッチンにある冷蔵庫などの家電製品、テーブル、食器棚、さらには棚に入っている食器まで、残置物をそのまま使っていることだ。唯一の例外は電子レンジで、汚れがひどかったので新たに購入したという。

風呂場も見せてもらったが、床はタイル張りで、浴槽は最近あまり見かけなくなったステンレス製である。思わず案内してくれた住人に、「よく知らない人が使っていた、しかも年季が入った風呂に入るのは嫌じゃないの？」と質問すると、「おじいちゃんのお風呂みたいな感じで、別に気になりません」という答えだった。

さらに、無理に頼んで3人の個室をそれぞれ見せてもらった。どの部屋も家具、電気器具、壁紙、カーテンがそのまま使われている。ランプシェードを見ると、まさに昭和レトロなデザインである。3つの個室のうち2部屋は和室で、どちらの部屋も畳が交換されていない。畳をよく見るとすり切れている部分がある。この部屋の主は、「最初に部屋の畳を見た時、正直『これはちょっときついな』と思いました」と教えてくれた。そこで、畳の上にマットを敷こうかと思ったそうだが、面倒くさくなりやめてしまったという。「マットを敷くと部屋の雰囲気が変わってしまう気もするので、今は、このままがいいと思っています」

これはまさに古い家のリフォームの「あるある」だ。たとえば、昭和の家の壁に今っぽい壁紙を貼ると、天井や床、置いてある家具とのバランスが崩れて、壁紙だけ浮いてしまう。なんとかバランスをとろうと手を加え始めると、結局すべてを新しくすることになってしまう。それならば、いっそのこと何も手を加えず、潔くそのまま住んだほうがいい。「ハウスT」に住む3人の若者は、手を加えず活かすことの良さを、実体験を通して悟ったのだ。

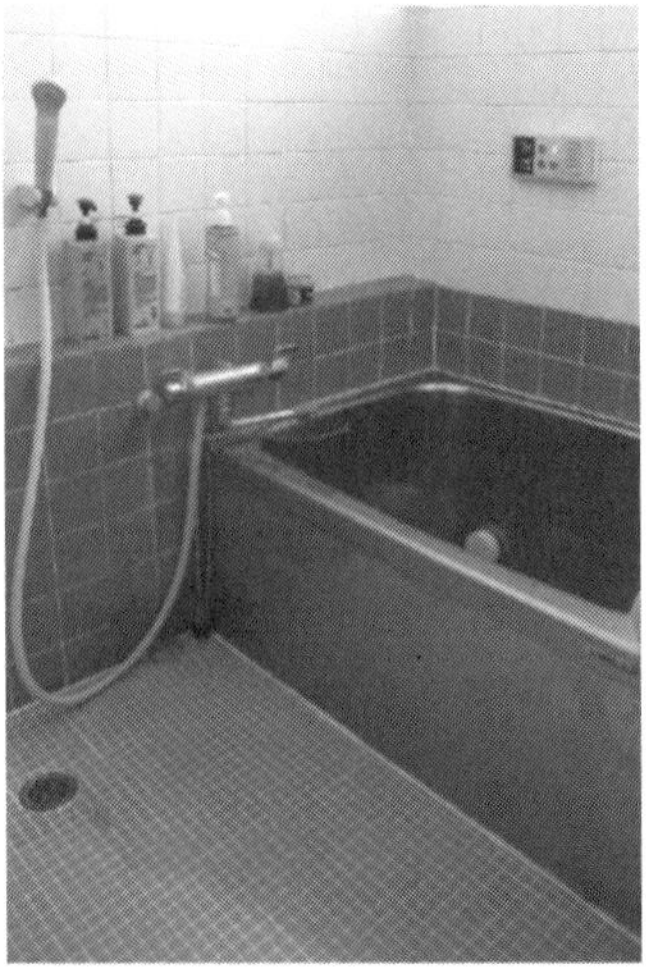
住人が「おじいちゃんの家のような」というステンレスの風呂

どの部屋でも昭和の照明器具や壁紙やカーテンがそのまま使われている

残されていた食器がそのまま使われている

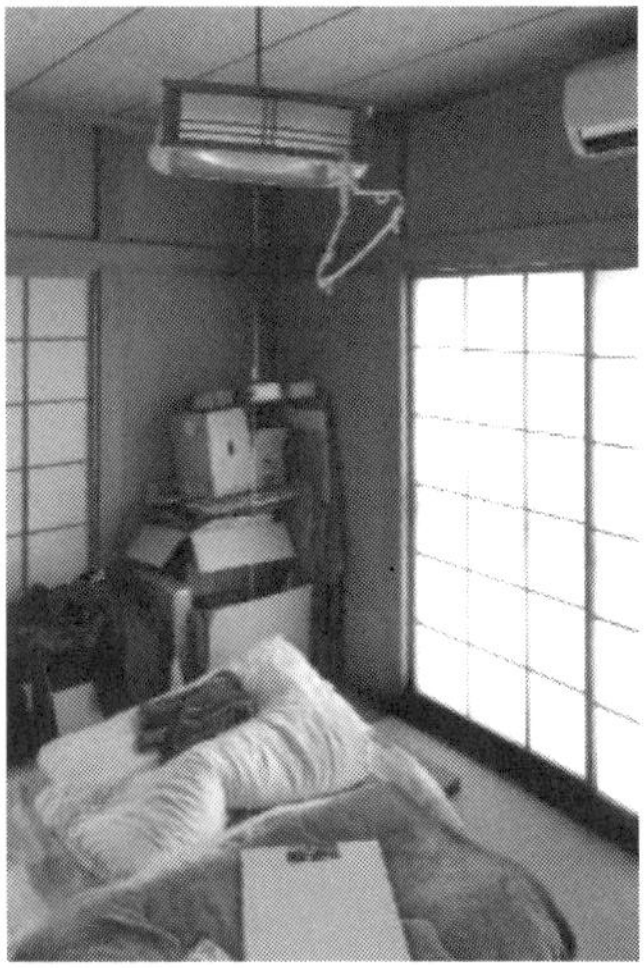
この和室の昭和の照明器具はハンガー掛けとしても使われていた

08 賃貸の中古戸建てに魅力を感じる若者は増える

ちなみに、ハウスTに不満があるかと質問すると、「特にないけれど、あえて言えば部屋が暗いことかな」という答えだった。3人から話を聞いた和室の壁は、渋い色の塗り壁である。幼い頃から白っぽい壁紙が貼られた家で育ってきた若者からすると、光をあまり反射しない渋い色の壁の部屋は暗く感じるのだろう。

その壁は私の育った部屋と似ていたので、私はちょうどいい明るさに感じたが、やはり幼い頃から生活してきた環境の影響は大きいのだろう。そこで3人が、小さい頃からどのような家に住んできたかを質問してみたが、想像したように別段古い家に住んでいたわけではない。それにもかかわらず、部屋が暗いことを除けば不満がないという。そもそも彼らは、住まいの見てくれだけの良さにはあまり関心がないのかもしれない。

加えて、3人が払っている家賃を合計しても10万円程度と、きわめて安いこともももちろん彼らの満足度を上げているはずだ。3人のうち1人は正社員として働いているが、ほかの2人はアルバイトを掛け持ちして生計を立てている。彼らにとって、家賃が安いことは非常に魅力的なのだ。

鳩山ニュータウンの最寄り駅である東武東上線・高坂駅よりも、さらに都心から遠い場所にある東松山駅周辺のワンルームマンションの家賃を調べてみると、最低でも約5万円だ。それに比べれば、ハウスTはキッチンも風呂も広く、共用スペースの和室や庭もある。圧倒的にお得な物件なのである。

実際ハウスTに住む3人がどう考えているかを確認するため、仮に別の場所に住むことになった場合中古の戸建てに賃貸で住むことに抵抗がないかを聞いてみた。すると、「あまりにも汚いのは嫌だけれど、そうでなければ問題ない」という返事だった。

Z世代は学生時代から学費のために働いてきた人が増えた世代だ。奨学金を返す必要のある人も増えた。そういう世代の彼らにとっては、たとえ数百万円の物件でも購入するのは難しい。今後は、住宅の賃貸志向は強まるだろう。三菱総研のデータで、もし住み替えるとしたら「賃貸を選ぶ」と答えた人の割合を見てみると、結婚やマイホーム取得期に当たる30代の割合は、2018年には22・4%だったが、2022年には30・7%に増えている。Z世代では、ますます増加するだろう。近隣のワンルームマンションやアパートと同程度の家賃で一戸建が借りられることをメリットだと考える人は増えるに違いない。

部屋数が多ければ、たとえば趣味の物を置くこともできるし、先述したように書道とか、絵を描くとか、作品を作るとか、楽器の練習をするとか、さまざまな創作活動ができる。さらにハウスTのように、仲間と住まいをシェアすれば家賃の負担をさらに減らせる。ちなみにハウスTの住人の一人は、「もっと多くの人にシェアハウスの良さを知ってほしい。その日の出来事をすぐに話せるし、深い話もできるので」と語っていた。

09 Z世代はシェア的価値と共に育った

私は、シェア志向の価値観は1998年あたりから次第に拡大してきたと考えている。それ以前は、団塊世代やバブル世代が消費の主役で、消費の傾向は高級化志向、ブランド志向が特徴だった。ところがバブル崩壊（1991〜93年頃）、リーマンショック（2008年）、東日本大震災（2011年）を経て、消費の特徴もシンプル志向、低価格志向、シェア志向へと変化を遂げていった。

1998年に、私は10年ぶりくらいで中央線の高円寺駅近くの街を歩き、古着屋だらけになった街に何とも言えない解放感を感じた。また同じ頃に、やはり中央線の吉祥寺駅の近くにある井の頭公園でフリマをする若者たちが増えたのを見て、「自由で幸せそうだなあ」「ブランド品とか、新品の商品とかなくても十分楽しいんだなあ」と思った。

戦後の日本は豊かになったと言われるが、その豊かさは、いかに多くの物を私有できるかにかかっていた。そのような豊かさに限界を感じた若者による新たな消費行動を見て、私は解放感を感じたのだ。

新たな消費行動においては、モノが目的ではなくなり、生活をより自分らしくリラックスできるものに創りかえていくことが目的になった。友人などと価値を共有し、共感し、分断ではなくつながりを生み出すことで、喜びや楽しさが得られることに気づくようになったのである。シェアハウスはそうした価値観を最も良く具現化している。

Z世代はこうしたシェア的価値観、ライフスタイルが広がる過程で生まれ育ってきた。シェアハウスに住むかどうかは別として、何らかのシェア的行動や人間関係のあり方を自然に重視する傾向があるはずだ。

10 管理は面倒だがルームシェアにはニーズがある

シェアハウスは、一般的には管理会社が管理することが多い。物件のオーナーは管理会社と契約を結び、管理会社が入居者の募集から管理まで行うのだ。そのためオーナーは、家賃の未納や近隣トラブルなどのリスクを避けることができる。

興味深いことに、借り手の中にはシェアハウスではなくルームシェアを希望する人もいるという。ちなみにルームシェアでは、貸し手と借り手が契約を結ぶ。その後、契約した借り手を含む複数人が費用を折半しながら住居をシェアする。そのため「ルームシェア」と呼ばれている。

このルームシェアは、一般的な賃貸物件ではできない場合が多い。ルームメイトの一人が急に退去して家賃が払えなくなる可能性があるし、ルームメイト同士が夜間騒いだりすることで、近隣トラブルになってしまうリスクがあるからだ。

一方で、前出の久保田さんによると、「ルームシェアOKという条件をつけて募集をかけると、すぐに入居者が決まる」という。久保田さんは、マンションやアパートの管理業務の一環として、早期に入居者を見つける方法を貸し手にアドバイスしている。その1つが、ルームシェアOKという条件で賃貸することなのだ。

「シェアハウスに入居していると、次第に派閥のようなものができあがることがある。派閥同士のいざこざが起こると、『今住んでいるシェアハウスから出て、気の合う同士でルームシェアを始めよう』と盛り上がるのですが、いざ物件を探し始めるとまず見つからないんです」

そのため、駅から遠い、築年数が古いといった一般的には不利な物件でも、あえて「ルームシェアOK」という条件で募集をすると、ルームシェアできる物件を探していた人からすぐに問い合わせが入るのだという。

しかし、ルームシェアには家賃の未納や近隣トラブルなどのリスクがある。それを減らすために久保田さんは貸し手に対してどのような説明をしているのだろう。まず家賃を回収できなくなるリスクを回避するために、賃貸保証会社の利用を提案する。実際に利用すれば、仮に家賃を回収できない場合、賃貸保証会社が代わりに支払ってくれるのだ。ただしこの制度を利用すると、借り手は家賃に応じた保証料を賃貸保証会社に定期的に支払う必要がある。

住民トラブルの防止については、家を貸す期間をあらかじめ決めておく「定期借家契約」を活用している。トラブルのリスクが高いと思われる場合は数カ月、低い場合は1~2年と期間を変えて契約する。その上で、仮に問題が起きた際には速やかに対応することが大切だという。

「とにかく問題が大きくならないうちに対処しています。借り手に対して何が問題なのかを説明し、『改善しなければ再契約しませんよ』と伝えます。ルームシェアが可能な物件が少ないことは借り手も理解しているので、それ以降は問題が起こらなくなることが多いですね」

久保田さんは、この2点を貸し手に説明することで不安を払拭《ふっしょく》した上で、ルームシェアOKという形で借り手を募集することを勧めているという。

しかし管理会社が、久保田さんが行っているようなきめ細かな対応をとろうとすれば、その分負担も大きくなる。現時点では、ルームシェア不可とする貸し手が多いのは仕方がない。しかし今後急増する空き家を活用するためにはルームシェアならぬハウスシェアの仕組みが絶対に必要になるはずだ。

11

Z世代の好みは超多様化、昭和レトロも好む

さて、鳩山ニュータウンのハウスTに話を戻そう。住人の一人は、シェアハウスの良さとして「その日の出来事をすぐに話せるし、深い話もできる」と語ってくれた。たしかに私も、大学生だった頃に、下宿していた友人の家で夜遅くまで語り合った経験が何度もある。しかし大学を卒業した若者が友人と語る体験に価値をおいている様子に、ちょっと違和感を感じた。

しかし、最近では、都内の私立大学でも地方出身の学生の比率が減っているらしいので、アパートで一人暮らしをしている友人が少ない。また、金銭的に大変な学生が多いのでバイトで忙しい。大学に入学した直後から就職に向けた活動を開始する必要もあるらしい。友人と深い話をする機会を、持ちづらくなっているのだろう。だからこそシェアハウスやルームシェアで、みんなで語り合える場所に彼らは価値を感じるのだろうと思った。

またZ世代の中で、昭和歌謡、スナック、昭和家電などがブームになっているが、昭

和時代に育った私たちがイメージする昭和と、彼らが抱く昭和のイメージはかなり違う。私が昭和歌謡と言ってイメージするのは美空ひばりからちあきなおみを経てせいぜい山口百恵までだが、Z世代にとっては松田聖子や中森明菜も含む。かつ「美空ひばり」もアイドルとして好む人もいるらしい。聖子ちゃんと同じ昭和のアイドルなのだ。

住宅についても同じだ。ある取材でZ世代の女子に話を聞いたとき、彼女が「昭和の家の玄関に貼られているタイルがかわいいいんですよ」と言うので撮影した写真を見せてもらった。それはくすんだ緑のような渋い色のタイルで、私はまったくいいと思わなかった。むしろ古くさいと思った。でもZ世代には新しくてカワイイのだ。

あるいは1970年代頃の住宅の床にはビニール製の、色柄が派手なクッションフロアが貼られていることが多い。花柄の家電と同じ時代の流行である。これもZ世代には人気があるが、私にとっては、ここから抜け出したいと思ったダサい流行である。私の世代はこの派手な安っぽい色と柄から、もっとシンプルだがセンスの良いデザインを求めた。白木の家具、ちゃんとした木のフローリングなどである。そういう人が多かったからこそ無印良品が売れたのだ。ところがZ世代はこういう派手なデザインを好む人も増えている。生活全体がシンプルデザインになった反動であろうか。

もちろん多様化の時代であるから、Z世代の多数派が昭和レトロの派手なカラフルなデザインを望むわけではない。しかしネット上に多様な情報が溢れている時代なので、昔はダサイと一蹴されたデザインをカッコいいとかカワイイと思う人も少なくないのだ。

ではZ世代は、住まい選びの際にどのような点を重視するのか。それを探るため、以前より付き合いがある不動産関係者に話を聞いてみた。

12 自分らしさは欲しいが、それが何だかわからない

この不動産店では、10年ほど前からDIY可能な賃貸物件（以下「DIY可能物件」と略）を扱い始めた。念のためにDIYの意味を確認しておくと、DIYは〝Do It Yourself〟の略で、業者に依頼するのではなく「自分の手で行う」という意味だ。DIY可能物件では、借り手は壁紙の張り替えや塗り替えなどができる。もちろん、現状が気に入った場合は、手を入れずそのまま住むことも可能だ。

貸し手から見ると、DIY可能物件はリフォームに金をかけなくていいというメリットがある。その分相場よりも家賃を下げられるので競争力が生まれる。また、DIY可

能物件に住んでみたいと考える借り手は、住まいに対する愛着があるので部屋を汚さずきれいに使ってくれる可能性が高い。Yさんは、このようなメリットを貸し手に説明することで、DIY可能物件を少しずつ増やしてきたのである。

もちろんDIY可能物件にはデメリットもある。たとえばDIYを可能にすると想定外の部分まで手を入れられてしまうリスクがある。そこで貸し手は、あらかじめDIYが可能な範囲を決めておく。可能範囲を超える場合は、どのようなリフォームをしたいのかを相談してもらい、問題が無ければ許可するという方法がとられている。

前出の伊部さんによると、最近では「DIY可能壁」を作るケースがあるという。DIY可能壁に関しては、貸し手の許可なしに壁紙を張る、ペンキを塗る、ビス穴を開けるなどの工事が自由にできるだけでなく、借り手が退去するときに原状回復（借りる前の状態に戻すこと）の義務も不要にするというやり方だ。

借り手から見ると、DIY可能物件の良さは自分好みの部屋に住めることだ。通常の賃貸物件は、リフォームする時点で誰が住むかが決まっていない。そのため、どこにでもあるような無難なデザインになりがちだ。自分の感性に合った住まいで生活したい人は、一般的な賃貸物件では満足できないのである。

ただ、DIYを経験したことがない人にとっては、部屋のリフォームを自分で行うのはかなりハードルが高い。そこで同社ではリフォーム業者の紹介も行っている。業者に自分のイメージや希望を伝えさえすれば、それだけで自分好みの部屋に住むことができるのだ。

ところがYさんによると、Z世代を含む若者の接客をしていると「私はこういう家に住みたいという夢がない人が多い」と感じることが多いという。

「私たちが若い頃は、インテリア雑誌などを見ながら『いつかこんな部屋に住みたいな』などと妄想していました。ところが今は、もう雑誌の時代ではありませんから。夢がないのも仕方ないんでしょうね」

自分の好みのイメージがはっきりしない若者が増えている現状に対応するため、同社ではユニークなサービスを提供している。賃貸物件の内装を手がけるデザイナーがセレクトした壁紙の中から、自分の好みの壁紙を選べるというサービスである。

「店舗に置いてあるサンプルの壁紙を見せながら説明しても、『そうなんですか…』という感じで。反応が薄い若者が増えていると感じます」

インターネットが当たり前に使える環境で育ったZ世代にとって、住まいというリアルな環境よりも、バーチャルなスマホの世界の方が重要なのかもしれない。あるいは、インテリアに限らず情報が多すぎて疲れている、自分の好きなものを選べないということかもしれない。自分らしさは欲しいが、それが何だかわからないのであろう。

13 Z世代の最大公約数は、フツーにきれいな家

しかし、Z世代が住まいというリアルにあまり関心を示さないからといって、もちろんどんな物件でもいいわけではないとYさんは言う。

「汚い物件はダメですね。それから、洗濯機は室外ではなく室内に置けること。また、洗面台は浴室やトイレから独立して設置してある独立洗面台が好まれます」

この点について、前出の伊部さんも同じようなことを指摘している。

「古い物件だと、風呂場がユニットバスではなく、タイルの上に浴槽が置かれていることがあります。このタイプだと浴槽とタイルの間に隙間がある。若い人の中には、この隙間を嫌がる人がいるんです」

なぜ隙間が嫌なのか？ その理由は「掃除ができない」からだという。汚いところを

掃除したくないということかもしれない。

部屋の中だけでなく、自分の顔や手、自分の体、洋服をきれいにする場所にはこだわりがあるのだ。「きれいである」というこだわりだ。一見リアルには興味がなさそうに見えるZ世代も、「きれい」というリアルだけは譲れないのである。逆に「きれい」を担保さえすれば、デザインなどにはあまりこだわらない。

これはZ世代を攻略する上で、重要な視点である。Z世代に家を貸すことを考えるのであれば、ハウスクリーニングは必須で、特にキッチン、洗面所、トイレ、風呂などの水回りを、リノベをしてカッコよくしなくてもいいので、清潔な状態にすることが重要である。

そういえば、いつの頃からか、若者が「フツー」という言葉をよく使うようになった。今はおじさんでも使うので、どこからが若者かわかりにくいが、この「フツー」は肯定的な表現の時に使われる言葉であると、ある有名な国語辞典に解説されているという。

つまり「フツーにおいしい」と言えば、「とてもおいしい」わけではないが、特に問題なくおいしい、強い肯定ではないが、否定するものはないというニュアンスなのである。だから「フツーにまずい」とは言わない。「この服、フツーにかわいいね」という表現は、「誰が見てもかわいい」という意味だという。辞書編集の研究者がそのことに気づいたのは2001年のことだというのだから、もうだいぶ時が流れた。

また最近『先生、どうか皆の前でほめないで下さい』という本が話題になった。大学の先生が、よい発表をした学生をみんなの前でほめたら、「先生、ほめないでください」と言われたというのだ。目立つのが嫌らしいのである。

この話をある不動産関係者にしたら、「うちの社員もそうです」と言われてまたびっくりした。不動産業の営業担当といったら、壁に営業成績のグラフを貼られて毎日成績を競い、よい成績なら自慢をするタイプだと思っていたが、そうではないのだ。

空き家、中古住宅についても、フツーにきれいであることが最大公約数であり最低条件だ。特に際立《きわだ》った個性を感じさせるデザインをほどこす必要はないのだ。デザインの好みは超多様化している。だからデザインにお金をかけるより、ハウスクリーニングをきちんとしたほうがよい。

第4章

空き家は
占いで貸せ

01

フッーの中古住宅だからこそ個性が表せる

この章では、空き家を売却するのではなく、賃貸として活用するために必要なことを考えていきたい。

まず借り手のターゲットはZ世代だということだ。マーケティング用語としては1990年代後半から2010年生まれだが、本書では住宅がテーマなので18～34歳くらいと考えたほうがよいだろう。つまり、いわゆる「平成世代」である。

Z世代をターゲットにする2つの理由については1章で説明したが、念のため簡単に振り返っておこう。

1つ目は、Z世代は、安定した十分な収入が期待できる正社員として働き続けられる人が少ないと予測されるからである。したがって家を買うのは難しいし、賃貸物件を選ぶにしても、できるだけ負担を減らしたいはず。昭和の戸建てでも、フツーにきれいで家賃が安ければ住むだろう。加えて家財つきにすれば、さらに金銭的な負担が少なくなる。

2つ目は、この20年で日本の消費の傾向が激変したことだ。すでに何度も述べたが、われわれは中古品を買うことに抵抗がなくなり、物を直して使う機会も増えた。古着好きのZ世代は経済的理由だけで古い家を選ぶのではなく、むしろ感覚的に古い家を選び、愛着をもって住むようになるだろう。

家財つきの昭和の戸建てを貸すターゲットをZ世代に設定することが妥当なのか、先に見たようにもしも住み替えるとしたら持ち家（新築または中古）と賃貸のどちらを望むかを聞いた結果は、全国の30代では、2018年からの22％から2022年には30・7％に増えている。20代でも31・2％から37・3％に増えており、Z世代では賃貸志向がますます強まりそうだ。

また、同時期に衣類をオークションや古着屋、フリマアプリで購入すると答えた人の割合も各年代で一貫して増加している（図表4-1）。着実に古着好きの割合は増えているのだ。

古着を買う人は、住まいについても古い家を選ぶ傾向があると予想できる。そこで賃貸に住みたいと答えた人を対象にして、古着を買う・買わないと、今後古い建物を改修して新しくよみがえらせた住宅（リノベーション住宅）に住む意向の間に関係があるかを

図表4-1

古着をオークション、古着屋、フリマアプリなどで買う人の割合

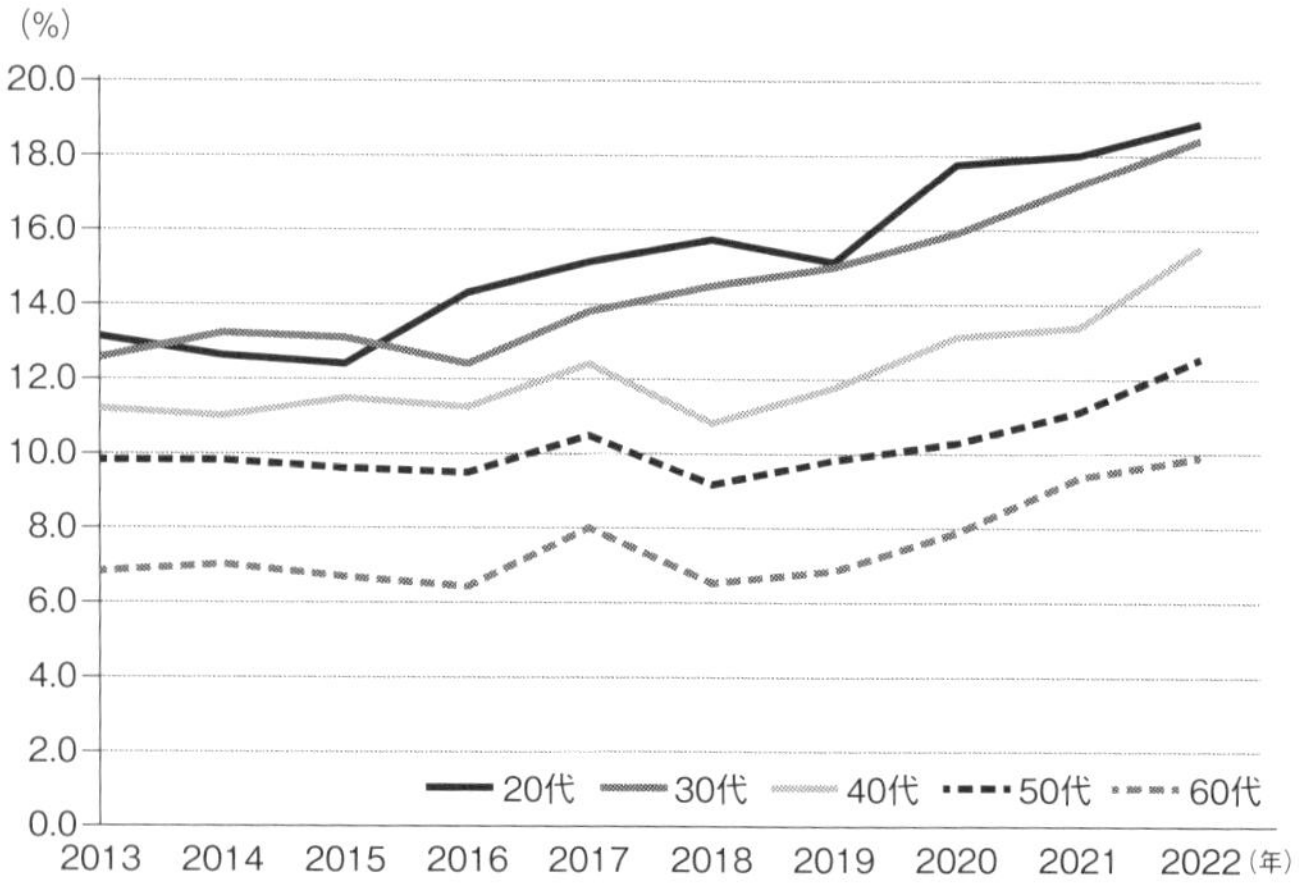

資料：三菱総合研究所「生活者市場予測システム」（2013～22年）

調べてみた。

その結果、中古住宅の主要ターゲットである1都3県の25～34歳で、将来賃貸住宅に住み替えたい人の中では、古着を買う人の方が、リノベーション住宅に住むという意向をもつ割合が多いことがわかった（図表4-2）。もちろんリノベーション住宅に住むと答えた人は、一般の物件にはないユニークなデザインの良さを評価しているのだろう。

しかし、自分らしいデザインを手に入れる方法はリノベだけではない。新品の服よりも古着のほうが自分らしさを表現できることも多いように、リノ

図表4-2

古着の購入とリノベーション住宅希望の関係

（東京都、千葉県、埼玉県、神奈川県に住む25～34歳のうち、
将来賃貸住宅に住み替えたい人　n=303）

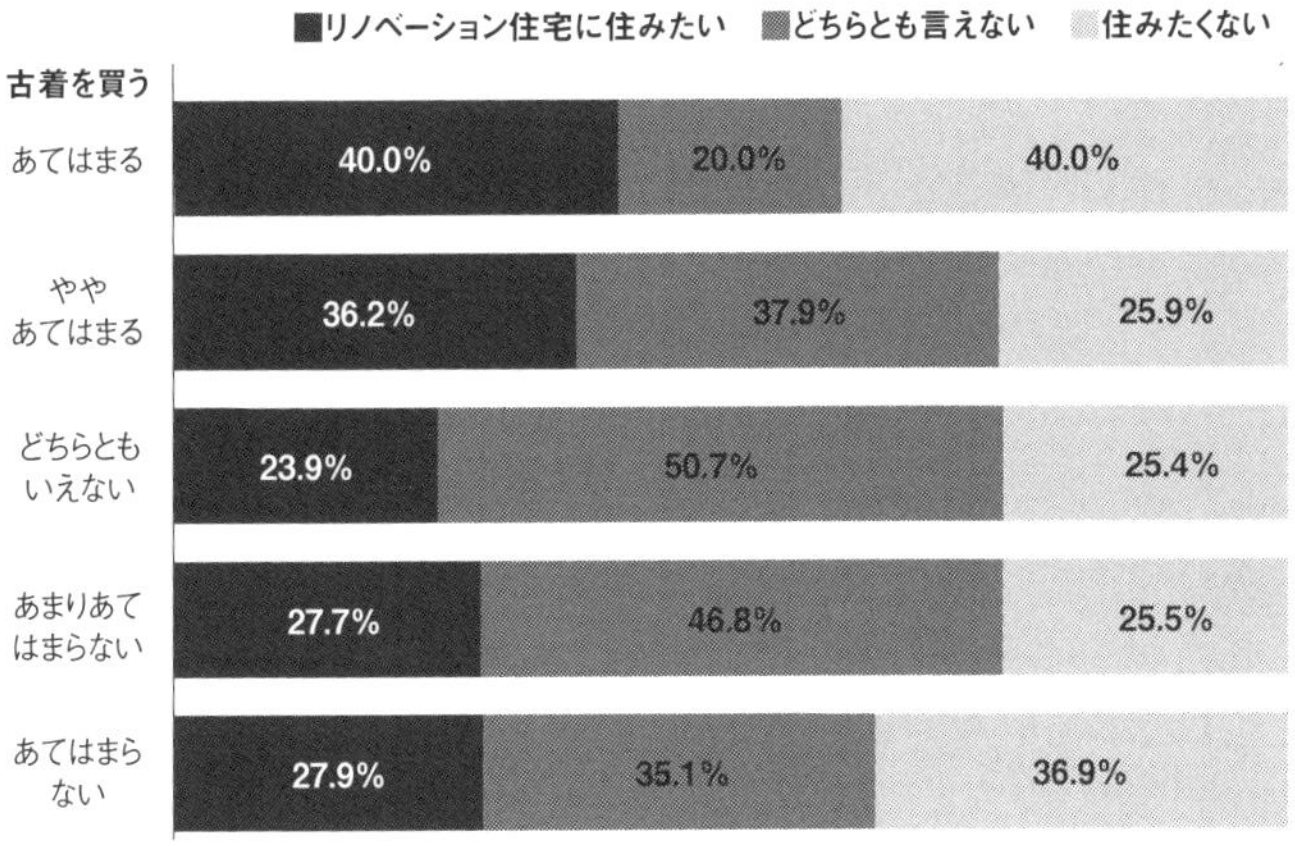

資料：三菱総合研究所「生活者市場予測システム」（2022年）

べした住宅より、何でもないフツーの中古住宅のほうがその住宅のできた時代の個性を感じることができて、Z世代の興味を引くことは大いにありうるのだ。昭和レトロのまんまの家が彼らに刺さることもありうる。家もタンスも家電もお風呂もそのままのほうがいいかもしれないのだ。

02 検索ではマッチングできない

繰り返すが、空き家をリフォームせずに家財つきで貸すには、そのような住まいに価値を見出してくれる相手とのマッチングが不可欠である。

すでに2章で、リフォームなし、家財つきの状態でも家の売却が可能な掲示板を紹介した。しかし扱っているのは売却物件だけである。一方賃貸については、3章でアトリエや菓子工房として活用できる賃貸物件などを探している人と貸し手をマッチングするWEBマガジンを紹介した。しかし、すべての物件がアトリエや菓子工房として活用できるわけではない。

残念ながら現時点では、昭和の戸建を家財つきで貸すという、これまで存在しなかった新たな賃貸物件に関して、借り手と貸し手をマッチングしてくれるサービスは存在しない状態である。現時点では、貸し手が自らマッチングのために動く必要があるのだ。

これは、とても面倒だと感じるかもしれない。しかし、実はこのようなアクションは、従来の賃貸物件でもある程度必要なのだ。なぜなら、現在ネット上で使用できる住宅情報サイトには、さまざまな限界があるからだ。

第1は、検索条件の数に上限があることである。理由は、検索条件を増やすにはシステムの改修が必要で費用がかかるからだ。第2は、主にスペックでしか検索できないという限界だ。具体的には数値化できる賃料や広さ、また、アパート・マンション・戸建てなどの既定の種別でしか検索できない。第3に、提供される情報の基準があいまいだということだ。たとえば3章で紹介したDIY可能物件は、あらかじめ決められた範囲内であれば退去時に原状回復を求めない物件と、DIYした部分についてすべて原状回復が必要な物件が混在しているという。前者と後者では借り手の負担はまったく違う。仮に「DIY賃貸物件」という表示があったとしても、その条件を細かく確認する必要があるのだ。

このような限界があるため、借り手が望む物件と出会うには、デジタル化が進む現代でも、複数の不動産店をめぐってこちらの要望を伝える必要がある。

一方貸し手は、所有している物件の特長を十分に伝えることができない場合がある。また、自分が特長と思っていないことを、借り手は魅力だと思っていることも多いが、そのことに気づく貸し手は少ない。

このような現状を考えると、貸し手と借り手の「お見合い」を成功させる新しいマッチングビジネスの登場が必要だとわかる。

03 自由に「住み古す」ことのカッコよさ

次に、ターゲットであるZ世代のうち、どのような若者が、最低限のリフォームをした家財つき昭和の住宅に魅力を感じるのかを明らかにしていきたい。そして、貸し手としては具体的にどのように動けばいいかも考えていきたい。

本書は空き家の売り方、貸し方を、古着人気をヒントに発想した。そこでやはり、まずは古着屋さんたちに話を聞いてみた。

森下の古着店THINKのオーナーである武田さんは、家財つきの昭和の戸建てを借りてもらい、家財を自由に使ってもらうというアイデアに対して「面白そうですね」という反応だった。

「古着の魅力の一つに、以前の持ち主のストーリーに想いをはせるというものがあります。古着に魅力を感じる人であれば、家具や家電など、そこに置かれている家財のストーリーにも興味をもつような気がします」というのだ。

さらに、家具の汚れを落としたり、傷ついた部分にニスを塗ったりする。自ら手を加えることで愛着が増すし、その人にとっての特別感が増す可能性があると指摘する。

「家に遊びに来た友人に見せたら、『いいな』と言うかもしれません。どこにも売っていない世界に一つだけの家具ですから」

武田さんの店で服を買った人の中には、「せっかく手に入れた服なので汚したくない」という人もいるという。そんなとき武田さんは「いや、むしろカレーうどんを食べちゃってください。◯◯さんがつけたしみは汚れじゃない。むしろ味ですから」と説明しているそうだ。

「個人的に、服に支配されたくないと思っています。だからお客さんにも『汚れなんて気にしないでガシガシ着ましょうよ』とお伝えしているんです」

たしかに、ブランド物の高価な服を着ると汚してはいけないという意識が働く。食事をしても、味わうことよりも汚さずに食べることに気を遣《つか》ってしまう。まさに服に支配されているのだ。一方古着であれば、多少汚れたとしても気にならない。食事以外の場面でも、服に支配されずに自分らしくふるまうことができるのではないか。

武田さんは、「服に着られているのではなくて、着古しているのがカッコいい」とも言う。古着だからこそ、心おきなく着古すことができる。そこにその人らしさが現れることを、武田さんは「カッコいい」と表現するのだろう。

家財つきの昭和の戸建てを貸す場合も、置いてある家財を自由にレイアウトすることや、多少であれば手を入れることが許されていれば、古着を愛好する若者にとって魅力的に映るに違いない。自由に着古す（住み古す）ことができる家は、まさに「カッコいい」のだ。

つまりZ世代に家財ごと家を貸す場合には、家財は自由に使ってよいとか、もう全然違う色に塗ってもいいとか、古いタンスなんかもう解体して別の家具にしちゃってもいいよとか、家自体の元の見た目を大きく変えなければ自由に手を入れてもかまわないとか（例：ニスを塗るなど）、あらかじめ具体的な条件を確認しておくべきだろう。

加えて、3章でも紹介したＤＩＹ可能とすることで、さらに物件の魅力を高めることができる。ＤＩＹ可能物件では、借り手は壁紙の張り替えや塗り替えなどが自由にできる。ただし貸し手にとっては、想定外の部分まで手を入れられてしまうリスクがある。そこで、あらかじめＤＩＹが可能な範囲を決めておく。可能範囲を超える場合は、借り手からどのようなリフォームをしたいのかを相談してもらい、問題が無ければ許可するという方法がとれる。先述したように最近は「DIY可能壁」を作り、その壁面については、貸し手の許可なしに壁紙を貼る、ペンキを塗る、ビス穴を開けるなどの工事が自由にできるようにする方法もある。こうすることで、借り手の自由度が高まるので、物件の魅力をさらに高めることができるのだ。

04 借り手の意向を丁寧に確認する

一方、多摩ニュータウン内で古着店SAJIを経営する大和直子さんは、家財つきの昭和の戸建てを貸すというアイデアに対して、「古着や古道具を購入することはありますす。でも、前の持ち主が使っていた物をそのまま引き継いで住みたいとは思いません」という意見だった。理由は「前の持ち主の生活が透《す》けて見えてしまい、暮らしにくいと感じてしまうから」だという。

加えて50代の大和さんにとって、昭和の家にある家財が昭和40~50年代のものであることも、あまり魅力を感じない理由だという。

「むしろ、その時代を全く知らない若い方だと、中にある家財道具に対して新鮮に感じて住むことができるかもしれません」

ＴＨＩＮＫの武田さんは30代なので、年齢の違いはあるのかもしれない。この本で想定するターゲットはＺ世代なので、大和さんが指摘するようにＺ世代は昭和の家具などを新鮮に感じる可能性が高い。

一方、単純に年齢の違いだけで片づけられない面もある。大和さんには19歳の息子さんがいるのだが、その息子さんによると「古着、古道具は購入して使います。でも、前の持ち主が使っていた物をそのまま引き継いで住みたいとは積極的には思いません」と言う。理由を聞くと「これが好きだという思いで購入したものを使いたい」ということだった。

大和さんも息子さんも、古い家財を使うことには抵抗がない。ただ、自分が使いたいと思う物をしっかり選び、気に入った物だけを手元に置きたいという思いが強いのだ。これは当然のことである。

だからこそ、貸し手がするべきは、まず借り手の意向を丁寧に確認することだ。仮に、借り手が喜んでくれるのであれば使ってもらう。そうでなければ処分するという柔軟な対応が必要だろう。処分が面倒なので、借り手に押しつけてしまおうという考えが透けて見えると、物件に興味をもってくれた人を逃がしてしまう可能性があるので注意が必要だ。

05 「残置物」ではなく「古家財」

家財つきの物件を貸し借りする上では、貸し手、借り手、仲介業者が「残置物《ざんちぶつ》」という意識を捨てることが重要である。

2章で説明したように、不動産業界では空き家に残っている家財を残置物と呼ぶ。空き家を取り壊すにしても、中古物件として売却したり賃貸として活用したりするにしても、一般的には家の中にある家財を片づける必要がある。つまり本来あってはいけないものだから、残置物と呼んでいるのだ。ゴミと同義である。

本書では、昭和の戸建てを家財つきで貸す方法について考えてきた。家財を残すのは借り手に活用してもらうためだ。つまり、そこにある家財は必要な物、価値がある物なのだから、残置物という呼び名はそぐわない。空き家を家財つきで貸すことを考えるのであれば、まず貸し手が、空き家の中にある物に対する見方を変える必要がある。その第一歩が、残置物という言葉を使わないことなのだ。

残置物という言葉を使わないことは借り手を探す際にもポイントになる。ＴＨＩＮＫの武田さんも「家財付きの物件を貸すときに、残置物という言葉は使わない方がいい」と語る。

「最近、古道具店が増えているし、有楽町や代々木で定期的に骨董市が開かれている。古い物を大事にする文化が生まれつつある気がします。それなのに残置物と言ってしまうと『いいな』とはならない。もっとプラスの言葉を使った方がいいと思います。」

古着と古道具、どちらも「古」という言葉がついている。Ｚ世代にとっては「古」という文字には、もはやプラスの意味さえある。実際、古着屋では昔のグッチを「オールドグッチ」などと言い、「オールドＧＡＰ」「オールドユニクロ」という言葉もある。「中古」というより「ヴィンテージ」なのだ。

また先述したように、中古家具を買うことは20～30代では日常化している。だとすれば残置物ではなく、「古家財」と呼ぶとよいのかもしれない。さらに「古家電」「古食器」「古家具」と呼んだほうがよい。

今のところ「古家財」はほとんど使われない言葉なので、本書では「昭和の戸建てを家財つきで貸す」と表現してきたが、今後はあえて「古家財」「古家電」「古食器」「古家具」といった言葉を使うことで、その物件の魅力を伝えることができるはずだ。

06 多様な魅力があることを理解して、自ら間口を狭めない

ここまで、古着店の2人のオーナーから聞いた話をもとに、Z世代が家財つきの昭和の戸建てに住むと仮定して、どのようなところに魅力を感じる可能性があるのかを考えた。ただ、どちらも古着を販売しているという特殊な立場の人である。そこで、次に3章で紹介した鳩山ニュータウンのシェアハウス「ハウスT」について考えてみよう。ハウスTは、まさに昭和の物件をリフォームなし、家財つきの状態で運営されている。住んでいるのは20代から30代前半の男性3人である。

すでに紹介したように、3人は置いてあった家財は食器も含めてすべてそのまま使っている。3人に話を聞いてみると、もともと古道具などに興味があったわけではない。

また、実際にハウスTで暮らすようになったことで、古い家具や食器に興味を持つようになったわけでもないようだ。彼らにとっては、以前この家に住んでいた人が残していった家財は、空気のような存在なのだろう。何の抵抗もなく、当たり前のように活用しているのである。もちろん3人とも仕事をしているが、そのうち2人は正社員として働いているわけではないので、お金をかけずに家財が使えることをありがたいと考えているのかもしれない。

実は、3人はハウスTにあったすべての家財を使用しているわけではない。入居当時、家の中は物があふれている状態だったので、明らかに使わないと思われる物はメルカリで販売したり、破棄したりしてきたのだ。

メルカリを使った販売は3人全員で行っているのではなく、1人だけで進めてきた。実際に販売を行ってきた彼は、「ここに入居する前は、メルカリで販売したことはありません。最初はなかなか売れずに苦労しましたが、だんだん、どんなハッシュタグをつければ売れるのかわかってきて、販売するのが面白くなってきました」と笑顔で語る。多い月には数万円の収入があったそうで、経済面でも入居したことがプラスになっているのだ。

このように、Z世代の中にも、ハウスTに住む3人のように「古家財」に価値があると感じない人もいる。ただ、そういう人であっても、経済的に余裕がない状態であれば、家財を揃えるためにお金をかける必要がないことは、嬉しいことであるに違いない。

家財つきの昭和の戸建ては、「古家財」に魅力を感じる人だけでなく、たとえば一人暮らしを始めるにあたり、家財を揃えることにお金をかけずに済ませたいと考える人にも魅力があるわけだ。

元オーナーの残置物にはなんとフェラガモのスーツもあった！

加えて、使わない家財は処分してもかまわないこと。また、処分の方法はメルカリ等のアプリを活用することも含めて自由であると伝えることで、借り手にとっての魅力を高めることができるだろう。ただし、どうしても残しておきたい家財については、あらかじめ伝えておく必要がある。そのためにも、借り手とのコミュニケーションが重要だ。

具体的には貸し手として、借り手とのコミュニケーションを意識的にとることはもちろん、ある程度借り手を選ぶ必要もある。なぜなら、コミュニケーションは相手との共同作業だからだ。つまりある程度、借り手を選ぶ必要があるわけだ。では、どのように借り手を選べばよいのだろうか?

07 マッチングを支えたのは「見立て」と「占い」だった!

まず、ハウスTを例に考えていきたい。ハウスTは一般的な賃貸ではなくシェアハウスである。シェアハウスを管理するには、一般的な賃貸管理とは異なるノウハウが必要なので難易度が高い。それでもこのケースを掘り下げるのは、貸し手を選ぶ際のポイントの参考にできるからだ。もちろん、今後の空き家の活用方法としてシェアハウスも選択肢の一つだと考える読者にも役立つはずだ。

ハウスTを取材したとき、印象的だったのは3人の服装がほぼ同じだったことである。

全員が白いTシャツを着て、黒色のゆったりしたシルエットのパンツをはいている。さらに3人から詳しく話を聞いていくと、似ているのは洋服の好みだけではないとわかった。たとえば部屋のちらかり具合や、どの程度の騒がしさなら許容できるかについて、3人の好みは共通していた。3人にはそれぞれ個室があるが、鍵はない。しかし、お互いの部屋に入ったことはないという。もちろんキッチンや居間、風呂場やトイレは共同利用である。3人の好みが似ているからこそ、お互いストレスなく生活できるのだろう。

しかし、意外なことに3人はハウスTに住むまではお互いに面識がなかったという。そんな3人が同じ家に住むことになったのは、ハウスTを管理するMさんが3人をマッチングして、「ハウスTに住んでみない?」と声をかけたからなのだ。

Mさんは、まちづくりデザインが専門で鳩山町の活性化に関わってきた。Mさんがもともと運営に関わっていた鳩山町のマルシェ(市場)が縁で、Mさんと3人の若者の間にそれぞれ個別のつながりが生まれたのである。そしてMさんがハウスTの管理をすることが決まったとき、Mさんはこの3人を思い出した。そのときのことをMさんは「この3人なら、同じ家に住んでもきっとうまくいくと思った」と振り返る。

しかし、自分の見立てだけで決めてしまうのは不安が大きい。実際に生活が始まった後に入居者間でトラブルが頻発すれば、退去する人が出てしまう可能性があるからだ。

そこでMさんは、あるものを参考にして最終的な決断を下した。そのあるものとは何か？　なんとそれは、「占い」だったのだ。

つまり「見立て」と「占い」が、3人のマッチングの裏にはあったのである。そこで、まず前者の「見立て」から見ていこう。

08 対話の場をもち、会話が成立するかを確認する

Mさんが3人をマッチングできたのは、そもそも鳩山町でマルシェを運営したことで、そこに集まってきた人たちとのつながりが生まれたからだ。さらに、Mさんとつながりがある人の中から、シェアハウスに興味を示しそうな人を選び出し、それぞれの相性を考慮して3人に決めたのである。

マルシェをうまく運営するには、スタッフのマッチングがカギになる。人の組み合わせによっては相乗効果が生まれるが、逆に、お互いに足を引っ張りあうことになる場合もあるからだ。

相乗効果が生まれるマッチングをするには、対象となる人の特徴をそれぞれ把握して、その特徴をどう組み合わせればよいか考える必要がある。おそらくMさんには、両方の能力が備わっているのだろう。そしてこの能力を、シェアハウスの入居者のマッチングでも活用したのだ。

しかし「能力が備わっているから」で片づけてしまったら、「Mさんだからできたのであって、自分には無理」となってしまう。そこで、どのようにすれば少しでもMさんに近づけるのかを考えてみたい。

家財つき昭和の戸建てに入居したい人が見つかったとき、その人が貸し手の考える範囲内で家財を使ってくれるか、近隣住民とうまくやっていけるかなどを見極めないといけない。

これは、実は一般的な賃貸物件で借り手を審査する際に不動産店のスタッフが行っていることである。そこで前出の不動産業のYさんに、日頃の業務で入居希望者と話をする際、特にどのような点に注目しているかを聞いてみた。

「一番大切なのは、会話が成り立つかどうかです。会話が成り立たないというのは、具体的に言うと屁理屈が多いとか、理不尽な話だと感じる場合です」

たとえば、契約書の一言一句を細かくチェックして、Yさんに対して「ここを修正してほしい」と要求してくる。「これは一般的な契約書の条文なので変えられません」とYさんが説明しても、「変えてもらわないと困る」と一歩も譲らないというケースだ。

「このような方と契約すると、入居後に問題が起こるリスクがあります。そこで、『ご納得いただけないようでしたら、残念ながら、この契約をこれ以上進めるのは難しくなります』などとお伝えしています」

ほかにも、約束を守らないケースも注意が必要だという。たとえば内見の約束をしたのにすっぽかす。その上、後日何事もなかったように店に電話をかけてくる人は、それ以上商談を進めないようにしているそうだ。

「社会の一般的な常識を守れない人は要注意ですね。この点を見極めるためにも、オンラインではなくリアルに会って対話させていただくことが大事だと思います」

実際に会って、会話が成り立つかを確認する、また、約束を守るなど常識を守れる人なのかを自分の目で確認する。また、私が実家を貸すとしたら、借り手が私の想像を超えた楽しい使い方をしてくれるかも見極めたいと思う。時間と手間を惜《お》しまなければ誰でも実行できるはずだ。

09 よい決断には「占い的なもの」が不可欠

次に「占い」について見ていこう。念のため最初に断っておくが、私は何も占いを積極的に薦《すす》めたいわけではない。しかしMさんが、自信をもって決断をするために占いを活用していることをきちんと読者に伝えておきたいのである。

ハウスTがある鳩山ニュータウンは、住民が超高齢化し、物件価格が低迷して空き家が目立つ地域だが、開発当時はまったく違った。統一感がある街並みと景観が高く評価され、大企業に勤めるサラリーマンや経営者が、こぞってマイホームを購入したのである。

その一人で、ある大企業の重役だったCさんから、ハウスTを管理しているMさんは九星気学の存在を教えてもらった。Cさんによると、難しい人事問題に直面したときに九星気学を活用することで活路を見出してきたのだという。

ちなみに九星気学は古代中国から伝わる占術で、その人の生まれた日をもとに9つの本命星に分類する。それぞれの本命星には基本的な性質が決まっているので、その人の性格や特徴を知ることができる。この情報を組み合わせれば、お互いの相性も判定できるというわけだ。

九星気学の本命星はネットでも調べられる。そこでMさんは、自分が関わってきたプロジェクトにおいてスタッフの配置を考える際、自分の見立てだけでなく九星気学の結果も参考にしてきた。「おかげで、いつもいい感じになった」とMさんは振り返る。そこでハウスTの入居者を決めるときにも参考にしたのだという。

これはあくまでもMさんの個人的な考えであって、「占いなんて当てにならない」と考える人も多いだろう。しかし、占いの結果に注目するのではなく、Mさんが占いを参考にした理由に着目するとどうなるだろう?

Mさんが占いを参考にしたのは、自分の見立てだけで決定をすることに不安を感じたからだ。この点は、多くの人にとって頷《うなず》けることではないか。人は、自分の見立てを支える何かを求める。Mさんの場合、それが占いだったのだ。そして、Mさんに九星気学を教えた、大企業の重役だったCさんも同じだったのである。

では、占い以外にどのような支えが存在するだろう? Yさんは、自社で仲介をしている物件の家主から、別の物件(Yさんの会社で扱っていない物件)に入居予定の人に一度会って欲しいと頼まれたことがあるという。その家主は、Yさんの見立てを信頼していたのである。

しかし、ほとんどの人には、Ｙさんのような頼れる存在が知り合いの中にいないだろう。それでも、第三者にも話を聞いてもらい、その人の見立ても参考にすることで、決断への不安を減らせるのではないか。経営者の中には、判断に迷ったときに身近な女性に意見を聞く人がいるという話を聞いたことがある。女性のほうが、相手の特徴を直感的に見抜く力が備わっていることが多いのかもしれない。可能であれば、身近にいる信頼できる女性に手伝ってもらうとよいだろう。

もちろん、Ｍさんのように占いを参考にする方法もある。ネットで検索すると、九星気学以外にも数多くの占いがヒットする。実際にサイト上で判定可能なものもあるので、あくまでも参考程度という前提で、少し使ってみるのもよいかもしれない。

第三者の見立てにしても、占いにしても、その内容をそのまま取り入れる必要はない。たとえば自分にはなかった見方や視点が得られれば、自分の見立てを別の角度から見直すことができる。言い換えれば、見立てを少し客観視できる。それだけで十分なのだ。

自分一人の力で、自分の見立てを客観視するのは至難の業である。であれば、よい決断をするには「占い的なもの」も必要だと言えるだろう。

10 経済成長とバブル崩壊で生まれたリハウス、リノベ

本書をここまで読まれてきて、読者の皆さんの中には、家財つき昭和の戸建てを活用するのは、大変だな、面倒だな、という気持ちがわいているかもしれない。それは、家財つき昭和の戸建てを貸したい人と借りたい人をマッチングする仕組みが、今のところ存在しないからだ。そのため、まさにセルフサービスで行う必要がある。たしかに手間がかかるのは間違いないことなのだ。

しかしことさら「面倒だ」と思ってしまうのは、私たちの中に「リハウス」「リノベ」といった概念が深くすり込まれていることも深く関係しているのである。いわば、気づかないうちに洗脳されているわけだ。そのことに気づき、マッチングの方向に意識を切り換えるためにも、リハウスとリノベという概念が生まれた歴史を振り返ってみよう。

現在もテレビで放映されている「三井のリハウス」のCM。このブランド名は、不動産売買仲介業最大手の三井不動産リアルティが１９８１年（昭和56年）に使い始めたも

のだ。81年と言えばバブル時代の直前で、神戸ポートピアが開催され、船橋市には大型ショッピングセンターららぽーとが開業した年でもある。

さらに87年には、宮沢りえが演じる白鳥麗子《しらとりれいこ》が登場するＣＭの放送が始まった。転校生という設定の白鳥麗子が「あさひヶ丘にリハウスしてきました白鳥麗子です」と自己紹介する場面には、「リハウス」という聞き慣れない言葉を一挙になじみがある言葉に変えるインパクトがあった。ちなみに２０２１年から白鳥麗子が母親になった設定で新たなＣＭが放映されているので、見たことがある人は多いだろう。34年前のＣＭが新たな設定でリバイバルされた事実からも、リハウスという言葉を世の中に知らしめた当時のＣＭのインパクトがいかに大きかったかを想像できるのではないか。

リハウスという言葉によって、それまでの「住まいを買うのは一生に一度」という考え方が、「ライフステージに合わせて住み替えるもの」という考え方に上書きされた。そして今や、リハウスはごく普通の言葉になったのだ。

一方、リノベーションという言葉が使われるようになったのはバブル崩壊後である。そしてリハウスという言葉が住まいに対する考え方を一新したように、リノベーションという言葉はリフォームに対するイメージを一新したのである。

では、どのように変わったのだろう？　バブル崩壊によって1990年代に売上げが減少した住宅メーカーや建材メーカーは、新たな売上げを作るためにリフォーム業界に本格的に参入した。その後、東京や大阪で個性的なセンスや価値観で住宅やマンションを改修するリノベーションが始まったとされている。2001年には雑誌『エスクアイヤ』でリノベーション特集があり、建築集団みかんぐみによる『団地再生計画／みかんぐみのリノベーションカタログ』が、建築専門出版社のフリックスタジオからは『東京リノベーション—建物を転用する93のストーリー』が刊行された。2003年には今やリノベーション業界の中心企業であるブルースタジオによる『リノベーション物件に住もう！〜（超）中古主義のすすめ』という本が出ている。同時に古民家再生に関する本も多数出ており、新築至上主義から古い家を直しながら長く使う、さらにバリューアップすることへの関心が高まっていた。

従来のリフォームはマンションや戸建てを売却、または、新たな人に貸す際に、新築時の状態にできるだけ近づけることを目指して行われていた。一方リノベーションは物件を新築の状態に戻すのではなく、間取りやデザインを一新することで付加価値を生み出すことを目指したのだ。

11 リハウス、リノベからマッチングへ

リハウスとリノベはいずれも、その登場によって新たな市場を生んだ。それは関連企業にとって恩恵があっただけではない。私たちは簡単にリハウスできるようになったし、リノベ物件という新たな住まいの選択肢が広がったのだ。

しかしリハウスやリノベの市場ですら流通させるのが難しい物件がある。だからこそ空き家が増え、また今後も増加していくのだ。もちろん、相続の問題や家財の片づけ、売却することへの心理的な負担などから所有者が処理を先送りしてきたことが空き家を増やしているのは間違いない。しかし、市場で流通させることが難しいという現実もネックになっているのだ。

家財つきの昭和の戸建てを、賃貸物件として一般的な不動産市場で流通させようとしても、現状ではまともに取り合ってもらえない可能性が高い。一般的な不動産会社は「借り手は見つかるはずがない」と考えるからだ。さらに、仮に借り手が見つかったとしても十分な売上げが見込めないこともネックになる。なぜなら、昭和の戸建てを「古

家財」つきで貸すには、家賃を相場よりも安く設定せざるをえないからだ。

ご存じだとは思うが、不動産会社がマンションや戸建てなどの中古不動産の売買や賃貸を仲介した場合、仲介手数料を得ることができる。仲介手数料は売買の際には売買価格、賃貸の場合は賃料にほぼ比例する。そのため、売買価格や賃料が低い物件は売上げも低くなってしまうのである。

さらに、これまでになかった新しいタイプの物件を売却する、または借り手を探すとなると、従来よりも手間がかかる。つまり売上げは低いのに経費がかかるわけで、不動産会社が扱いたくないと考えるのは当然のことなのだ。

「古家財」つきの昭和の戸建てに限らず、問題となっている空き家を不動産会社が扱ってくれなければ、売却できないし、賃貸物件としても活用できない。空き家が増えるのは必然だと言える。こうした課題を解決するために生まれたのが、2章で紹介した空き家の買い手を自分で探す掲示板サイト「家いちば」である。このサイトを活用すれば、「古家財」つきの昭和の戸建を販売することも可能なのである。

一般的な不動産会社では扱ってくれないような物件を売買できるようになったのは、リハウスでもリノベーションでもない新たな仕組みが構築されたからである。そしてこの新たな仕組みをビジネス化できたのは、商談成立までのプロセスを売り手に任せるセルフサービス型にすることで、経費カットに成功したからなのだ。具体的には、買い手は物件情報を掲示板に書き込み、興味をもった人からの問い合わせに対応し、内見を行い、直接交渉をしながら商談を進める必要がある。ただしセルフサービス型になっているのは商談成立までで、契約に必要な売買契約書作成や重要事項説明等の手続きはサイトの運営会社が行う。一般的な不動産会社で物件を買ったり、借りたりしたときに不動産会社で契約を行うがそれと同じイメージになるのだ。

リハウスやリノベーションに代表される従来の不動産市場が果たしていた機能が、「マッチング」と「契約のサポート」の2つに分割されて、マッチングをていねいに行うようにしたと考えるとわかりやすいかもしれない。この「ていねいなマッチング」機能こそが、リハウスやリノベーションでは流通が難しかった空き家の流通を促進するためのカギなのだ。

12

使い勝手が悪い「空き家バンク」制度

空き家問題について、地方公共団体も手をこまねいているわけではない。

実際にどのような対策が取られているのかを調べるには、「地方公共団体による空き家対策支援制度」検索サイトが役に立つ。文字通り、市区町村毎にどのような制度があるのかを検索できるサイトである。これを使えば、空き家になっている家がある市区町村で、現在利用できる制度があるのかを検索できるのだ。

ただ、実際に検索してみると、そもそも制度がある市区町村はそれほど多くないことがわかる。東京都で調べると、「空き家の除却」「空き家の利活用」「空き家の取得」に関して現在も利用できる制度があるのは21市区町村である（2023年10月現在）。東京都全体では62市区町村あるので、制度があるのは3分の1程度ということになる。

制度がある自治体の数が少ないのは、東京都は地方に比べると空き家問題が顕在していないことが影響している可能性がある。そこで、2018年の空き家率が全国で最も高かった山梨県のデータを確認してみた。制度があるのは17市町村。山梨県全体では27

市町村あるので、約6割の市町村に制度があることになる。やはり空き家問題が深刻化している地域の方が制度も充実しているのである。

次に、空き家問題が深刻な山梨県の制度の内容を見ると、「空き家の利活用」と「空き家の取得」に関する補助は、該当の空き家が「空き家バンク」に登録されていることが条件であることが多い。

空き家バンクを運営しているのは地方自治体である。空き家を売却したい、または貸したい人は、その物件がある自治体に依頼して、物件の情報を自治体が運営する専用ホームページに登録してもらう。売却物件や賃貸物件を探している人は、専用ページから物件の情報を検索できるのだ。

しかし、そもそも空き家バンクの知名度が低いため、登録しても買い手や借り手が見つかることはそれほど期待できないと思われる。その上、空き家バンクに登録してもらうにはいくつか条件があり、そのひとつが、物件の所有者が不動産会社に売却や賃貸の依頼をしていないことである。

さらに、仮に購入や入居の希望者が見つかったとしても、相手との交渉や契約について行政は一切関わらないことになっている。そうは言っても不動産の契約は非常に複雑なので、サポート体制は用意されているようだ。いくつかの市区町村の空き家バンクの情報を調べたところ、調査したすべての市区町村で行政が不動産会社と提携することで契約のサポートを行っている。しかしサポートの仕組みは市区町村によって異なるし、ホームページ上に詳しい説明が掲載されているわけではない。実際に検討を進めるのであれば、各市区町村の担当に電話などを使って確認する必要があるだろう。

13 行政主導のマッチングには限界がある

これらの点を総合して考えると、空き家バンクの利用は一般的な不動産会社に依頼したけれども扱いを断られた場合や、買い手や借り手が見つからなかった場合など、最後の手段として活用が検討されることが多いのではないか。そうだとすると、空き家バンクへの登録が前提となっていることが多い「地方公共団体による空き家対策支援制度」は、あまり使い勝手のいい制度ではないと言える。

空き家バンクは、行政主導のマッチングシステムである。しかし、行政は単に情報を掲載するだけで、その後のプロセスには関わらないことが多い。一方、「家いちば」では、買い手とのやりとりはセルフサービスとなっているが、そのやりとりの内容を運営会社が確認して、問題がないかをチェックしている。また、マッチングがうまくいった後の契約は、運営会社がサポートしてくれることになっている。行政も同じ仕組みを備えているようだが、行政と比べるとわかりやすく説明されているので、安心して利用できる。

リハウスやリノベに象徴される従来の不動産市場では流通が難しい賃貸物件について、今後、新たなマッチングの仕組みが生まれることを期待したい。しかし、それまでは残念ながら売り手や貸し手が動く必要があるというのが実情なのである。そこで、2つの事例を通して、実際に売り手や貸し手として動くことになった際、参考になるポイントを抽出していこう。

14 大手不動産会社は金のかかる提案ばかりする

1つ目は、東京23区内にある戸建住宅O邸の事例である。O邸は築55年の2階建てで、建物全体の広さは165㎡もある。ただし、最寄り駅から徒歩19分と交通の便は良くない。

O邸のオーナーが高齢者施設に入居したため空き家になってしまった。オーナーには2人の子どもがいるのだが、長男のOさんが中心になって家の活用法を考えることになったのである。

Oさんは、自分たちが育った思い出の家を取り壊すのではなく、なんとか賃貸として活かしたいと考えた。そこである大手不動産会社に相談したところ、家はかなり古くなっているので大規模なリフォームが必要だと指摘された。その見積額が、なんと約2000万円だったのだ。一方、最寄り駅から離れていることもあり、不動産会社の担当者によると家賃として見込めるのは20～20数万円。途切れなく順調に借り手がついたとしても、リフォーム費用を回収するだけで8年近くかかってしまう。

また仮に想定した通りに借り手が見つかったとしても、すでに築年数がかなり古いため、8年の間に新たなリフォームが必要になる可能性もある。このようなリスクがあるプランはとうてい受け入れられないと考えたOさんは、ほかの方法を求めて情報収集を始めた。そしてたどりついたのが、3章で紹介したウェブマガジン「ワクワク賃貸」だったのである。「ワクワク賃貸」には、ワクワクするような楽しいコンセプトのある賃貸物件が掲載されている。マガジンにはさまざまなカテゴリーがあるのだが、その1つである「DIY賃貸」のコーナーを見たOさんは、父親の家をこのコーナーで紹介してもらえないかと考えた。

Oさんから相談を受けたワクワク賃貸の久保田さんは、「Oさんからお父さんの家の話を聞かせてもらい、『いろんな用途で活用できそうだ』と思った」と振り返る。そこでO邸を取材することにしたのだ。

実際に足を運んでみると、O邸は部屋数が多く、広いリビングがあること、また物置もあることもわかった。そこで久保田さんは、DIY賃貸ではなくアトリエ賃貸として紹介することにした。広いリビングを共同アトリエとして、物置は作品のストックスペースとして活用できること、さらに個室として使える部屋が4つあるので、最大4名でルームシェアできることを記事の中で紹介した。

家を貸すためのリフォームは、傷みが激しい部分のみ行うことにした。かかった費用は250万円ほど。大手不動産会社からの提示額は約2000万円だったので、8分の1ほどで済んだことになる。当然、最低限のリフォームなので、壁や床もそれほどきれいな状態にはならない。その代わり、創作活動で壁や床を汚しても退去時に原状回復工事は原則不要とした。また、壁を抜くなど家の構造をいじらなければ、自由にＤＩＹをしてかまわない。さらに、事前に承認を得れば原状回復も免除した。

15 メジャーがダメでも、マイナーに出会うことができれば

このようにＤＩＹ可能となったこともあり、久保田さんは、知り合いが運営している「ＤＩＹＰ」でもＯ邸の情報を掲載してもらった。ＤＩＹＰは改装可能な賃貸物件を検索できるサイトである。

「最終的には、ＤＩＹＰを見て問い合わせをしてくれたＫさんに貸すことになりました」

Ｋさんは、別の場所でカフェを経営していたが、ちょうど新たな物件を探していたところだったのだ。

ワクワク賃貸には「菓子工房賃貸」というコーナーもあり、久保田さん自身、賃貸物件を菓子工房として使うにはどんな工事が必要か、また保健所の許可をどのように取ればよいかを研究。さらに研究の成果をもとにコンサルティングもしてきた。その経験が

もともとの部屋のようす（写真提供：®ワクワク賃貸）

あったから、「O邸を住居兼カフェとして使いたい」というKさんの要望にも応えられたのだ。

こうしてOさんの「自分が育った大切な家を残したい」という思いは実現したわけだが、それはOさんが諦めなかったからだ。大手不動産会社から、物件を貸すには2000万円のリフォームが必要という提案があったとき、賃貸は諦め、当面は空き家のままにしておくか、売却を検討するという選択肢もあった。それでもOさんが諦めなかった理由について、Oさんは「大手不動産に依頼するというメジャーな方法では難しい。でも、マイナーな考え方に巡り合えれば、きっと道が開けるはずだと思った」

カフェの内装はすべてKさんの手によるＤＩＹ。自らペンキを塗り、壁紙を貼った

と振り返る。そして、以前耳にした情報を思い出し、ＤＩＹをキーワードに検索エンジンで情報を調べ、「ワクワク賃貸」を見つけたのだ。さらに久保田さんに出会うことで、カフェ兼自宅という想像もしなかった貸し方が可能になったのだ。

Ｏさんのケースが、そのまま参考になるわけではないが、「一般的な不動産会社から提案された方法がすべてではない」という点は重要である。ネットを使えばさまざまな情報にアクセスできる。その際にキーワードが必要だが、Ｏさんの場合「古民家に住む若者が、自分の好みの住まいに変えるためＤＩＹをしている」という情報を思い出したことがきっかけになった。

自分の知識をフル活用する。それでもダメなら、知り合いにも聞いてみる。その気になれば情報を引き出すキーワードを手に入れ、必ず新たな選択肢と出会うことができるのだ。そして選択肢の幅を広げるためにも、本書で提案した昭和の戸建てを家財つきで貸すという方法を知っておくことも役にたつはずだ。

O邸は前述のように、最寄りの駅から遠い上に昭和の戸建てということで、賃貸物件としては価値が低いと判断された。建物全体で165㎡もの広さがあるのに、大手不動産会社が示したリフォーム後の家賃の目安は20〜20数万円だったのだ。

一方で、カフェ兼自宅を探していたKさんにとってO邸は最高の物件だった。

Kさんは、以前は千代田区内でカフェを経営していたが、とある事情で新たな場所を探す必要が生まれた。予算に余裕があるわけではないので、内装は業者に依頼せず自分で行うことにした。そのためDIY可能物件を探していたのだ。

「O邸の情報を見つけ、すぐに家の中を見せてもらいました。『きっと、この家を大切にされてきたんだろうな』と感じ、とても居心地がよかったんです。庭があるのもいいなと思いました」

一方、最寄りの駅から徒歩19分、しかも住宅地内にあるため、カフェをオープンしても集客は難しい。
「でもここなら、たとえお客さんが来ない時間帯があっても私自身が気持ちよく過ごせる。ここを借りようと決めました」

最寄りの駅から遠く築年数が古いというデメリットも、その家に居心地の良さを感じたKさんにとっては、自分にとっても居心地がよい空間を予算内で借りられるというメリットだったのだ。

このように、借り手が変われば弱みが強みに一変することがある。そのために大切なのは、一般的な不動産会社に相談しただけで「活用は難しい」と諦めてしまわないことだ。そして、Oさんのように「マイナーな方法を探してみよう」と意識を切り換えるためにも、新たな切り口で賃貸として活用している事例を知っておくことは有効なのだ。

16 価値があるのは物件ではなく景色

そこで、O邸と同じように視点を変えることで新たな価値を見出した分譲団地のケースを取り上げよう。分譲団地があるのは兵庫県神戸市で、市の中心部にある三宮駅まで直線距離で6・5キロほどの場所である。ただし三宮駅に出るにはバスに乗る必要があり、徒歩も合わせて30分ほどかかる。

分譲団地は5階建、建築されたのが48年前ということもありエレベーターがない。その最上階にある物件の活用方法について、同市内にある不動産会社リーフクリエーションの社長、森下政人さんは知り合いから相談を受けた。そこで森下さんは、まず物件を見せてもらうことにした。

「10年ほど空き家になっていたこともあり、すでにクロスも剝《は》がれ落ちている。個人の方にこのまま売るのは難しい。リフォームが必要だと判断しました」

しかし、リフォームで室内をきれいにするだけでも200万円ほどかかる。さらに水回りも一新するには、追加で200万円ほど必要だ。それを売り手が負担するとなると、売買価格は相場よりも高い金額に設定せざるをえない。「これは難しい物件だな」と森下さんは思った。しかし、ベランダに出たときにそれまでのイメージが一変したのだ。

「遠くに、太陽の光を反射してキラキラ光る海が見えるんです。海の向こうには淡路島、手前には六甲山系の山並みが見える。これだけの景色を楽しめる物件は珍しいと思いました」

ベランダからの眺望。太陽の真下に光る海、左手に六甲山系の山が見える（写真提供：リーフクリエーション）

森下さんが足を運んだ分譲団地は高台に建っている。しかし、エリア内にある他の団地のベランダからは、周りの団地に遮られてしまうため、海を見ることはできない。また、同じ建物でも1階からは海が見えないことがわかった。まさに5階だからこその眺望だったのだ。

「私が、この眺望を素晴らしいと思ったように、世の中に1人ぐらいこの眺望に価値を感じてくれる方がいるはず。自分の直観を信じて、私の会社で購入させていただこうと決心しました」

森下さんは、物件の内見に同席していたオーナーに「正直に申し上げて、このお部屋の価値を見出すのは難しいです。でも、この景色には価値があります」と伝えたという。

17 階段を昇れば体を鍛えられる

森下さんは、リノベーションをすることで物件の価値を上げ、賃貸または売却することに決めた。眺望には自信がある。あとは、エレベーターなしの5階の物件というデメリットを、いかにしてメリットに変えるかだった。

「毎日階段を昇れば体を鍛えられる。であれば、登山が好きな若い夫婦向けはどうかと思いつきました」

登山が好きな人であれば、5階にある自宅までの階段を毎日昇ることを「体を鍛えられる」とプラスに捉《とら》えてくれるかもしれない。特に、若い夫婦であれば階段の上り下りに問題はないはずだ。

森下さんは建築デザイナーと話し合いを重ね、最終的に4DKの間取りを2LDKに変え、玄関の壁や天井には木材を使い山小屋風にした。リビングからの眺望をハンモックの上から楽しめるようにするため、天井にハンモックを吊り下げられるアンカーボルトを埋め込んだ。

「賃貸と購入の両方で募集をかけ、早い者勝ちで住んでいただきます。仮に賃貸で住んでくださった方が、数年後に物件の購入を希望された場合、支払い済みの家賃総額も考慮して、当初よりも安い金額で購入できるようにしたいと考えています」

エレベーターがない5階にある部屋と聞くと、一般的には「昇り降りが大変」というイメージだろう。しかし視点を変えることができれば、「日々の生活で体を鍛えられる」という魅力が見つかる。このような視点の切り替えが重要なのだ。

しかし、私たちの見方にはどうしても偏《かたよ》りがある。そこで森下さんのような専門知識をもつ第三者のサポートが大切なのだ。だとすれば、ポイントはどのように森下さんのような専門家に出会うかである。

「個人的には、従来の仲介だけでは未来がないと思っています。今後はAI化が進み不動産会社の存在意義が失われていく可能性さえある。お客様のニーズに合わせて専門的なサポートをするエージェント的な働きが重要になると思います。今回の物件の購入を決めたのも、私自身、エージェントとしての経験やノウハウを蓄積していきたいと考えたからです。今後は、不動産業界でも、私のような考え方の人が増えていくはずです」

実際、従来とは異なる発想で空き家の活用をサポートする会社も誕生している。たとえば首都圏を中心に不動産事業を展開するジェクトワンは、空き家活用サービス「アキサポ」を提供している。所有者から一定期間空き家を借り受け、自社の資金でリフォームを実施。完成後は借り手の募集、家賃の集金、契約や退去の手続き、建物の管理やトラブル対応まで行う。その上で、家賃の10%が所有者に支払われるという。契約期間が終了すれば、リフォーム済みの物件が所有者にもどってくるというサービスだ。

また、アルファクラブ武蔵野が提供する空き家活用サービス「カリアゲテ」もアキサポとほぼ同じ内容になっている。

そのほかにも、各地域には空き家の活用についてサポートする不動産会社が存在する。手間はかかるが、検索エンジンなどを使って調べてみる価値はあるだろう。

18 事例を知り、希望がわいてきた

さて、一般的な不動産会社に話を聞いただけで「空き家の活用は難しい」と諦めない

ためにも、久保田さんや森下さんが関わった事例を知っておくことが重要だと伝えた。実際に事例を知ることには意味があることがわかったケースがあるので、紹介したい。

森下さんが行った分譲団地のリノベーションの情報を、知り合いのDさんに伝えたところ大変喜んでくれた。なぜならDさんのお母さんも、エレベーターがない分譲団地で一人暮らしをしているからだ。しかも、住んでいるのは最上階の4階である。

お母さんはまだ元気だそうだが、いつか空き家になる日が来る。Dさんは、分譲団地がある地域の不動産会社に問い合わせをしたことがあるという。担当者から「エレベーターのない団地は、高層階の方が人気がない」という話を聞き、「売却すると決めても、なかなか買い手が見つからないのでは…」と不安に思っていたのだ。しかし高層階であることを逆手にとり、「体を鍛えられる物件」という売り方をすれば、買い手が見つかる確率が上がるかもしれないと知り、希望がわいてきたという。

実は、Dさんのお母さんが住む分譲団地は、丘陵地に建てられているので団地内の道路はアップダウンが激しい。お母さんが住んでいる団地は高台にあり、近くにあるスーパーやコンビニは坂を下ったところにある。そのためスーパーまで徒歩10分ほどしかないのに、お母さんは買い物にいくときには、往復ともバスを利用している。バスは1時

Dさんのお母さんが住む分譲団地

間に2本ほどしか走っていない。時間はかかってしまうけれど、歩いて行くのは無理だから仕方ないと諦めているそうだ。

つまり、この物件に住むと4階まで階段を昇るだけでなく、スーパーやコンビニに行くたびに坂を昇ったり下ったりする必要がある。それを避けるには、マイカーを利用するしかない。この点からもDさんは、売却は難しいだろうと考えていた。しかし「体を鍛えられる物件」という売り方をすれば、周りに坂が多いことも含めて魅力に感じてくれる人がいるかもしれないのだ。

加えて、神戸市の物件と同様、高台に建つ分譲住宅の4階にあるお母さんの部屋も、ベランダに出ると海が見える。さらに風通しがいいので、真夏でも夕方になればエアコンを止めても不快ではない。それどころか、窓から入ってくる風の心地よさを肌で感じることができる。Dさんは、この物件がもともともっていた良い点を再確認できたのである。

19 やるべきことがイメージできた

Dさんは、2章で紹介した「家いちば」の情報にも興味を示した。たとえば「住むだけで体を鍛えられる家」といったキャッチコピーをつけたら、興味をもってくれる人がいるのではないかとDさんは考えたのだ。

実は、Dさんのお母さんは山登りが趣味で、登山愛好家にとって憧れの山と言われる槍《やり》ケ岳《たけ》にも登頂したことがあるという。槍ケ岳の頂上を目指すには山小屋の宿泊が不可欠で、荷物の重さは10キロを超えるという。重い荷物を担《かつ》いで頂上を目指すには日頃のトレーニングが欠かせない。そこでお母さんは、実際に登山に使うリュックに米を入れて担ぎ、日々団地内を歩いていたそうだ。一般の人にとっては不便に思える物件も、お母さんにとっては難しい山に登るという目的に向けて体を鍛えるために最適な住まいだったのである。

　Dさんは、お母さんの家を売却するため、「家いちば」に物件を掲載することになったら、登山を愛したお母さんのストーリーも載せようと考えている。すでに紹介したように、「家いちば」は、空き家の買い手を自分で探すための掲示板サイトである。このサイトでは、掲示板に投稿した物件をめぐるストーリーに共感した人が買い手になるケースが多いという。

「母の思いに共感してくれる人であれば、物件の良さもわかってくれると思うんです。それに、そういう人なら母が暮らした住まいを大切に使ってくれるはず」とDさんは話していた。

　Dさんは、これまでお母さんの住まいが空き家になったときのことを考えると気が重くなっていたそうだが、新たな方法を知ったことで軽くなったという。単に空き家を売却する方法がわかっただけでなく、大切にしてくれる人に出会う方法があるとわかったことが大きいのだろう。

　また、Dさんは、昭和の物件を家財つきで貸すという方法についても興味をもってくれた。もしも、大学生などの若者に貸すことができれば、「住人が高齢化しつつある団地の活性化にも、ほんの少しでも貢献できるかも」と笑顔を見せてくれた。

このような思いを実現するためにも、今後、賃貸物件についても、新たなマッチングの仕組みが生まれることを期待したい。

20 マッチングすべきは住んでいた人の仕事や趣味と、住みたい人のやりたいこと

今後、家財つきの昭和の戸建てを貸したい人と、借りたい人をマッチングする仕組みを生み出していくには、マッチングを成立させる要素を明確にする必要があるだろう。

まず押さえておく必要があるのが、現時点では「家財つきの昭和の戸建てを借りたい」と思っている人はほぼ存在しないだろうということだ。まだ、そういう物件は世の中にほとんど存在していないわけで、ほとんどの人が話を聞いたこともないし、考えたこともない。そんな物件を「借りてみたい」と思うわけがないのである。

ところが実際には、家財つきの昭和の戸建てにシェアハウスで住み、その暮らしを楽

しんでいる若者がいる。顕在的なウォンツはなかったが、実は潜在的なニーズはあったという好事例である。

しかし、「家財つきの昭和の戸建てです」と物件の情報を流すだけでは不足である。絶対に必要なのが「ストーリー性」なのだ。こんな会社でこんな仕事をしていた人が住んでいたとか、こんな趣味の人が住んでいたからこういう間取りで、こういう家財があるという、まさに一点物の歴史である。一点物の歴史を伝えるには、あえて赤裸々な情報も伝えていくことが必要なのだ。

すでに、スマホで家を探すのが当たり前の時代なので、そうしたストーリー性も最終的にはデータベース化されて、新しい住宅情報サイトが作られることが望ましい。ただしそこで重要なのは、家の間取りとか床面積とか駅からの距離ではない。住む人と住んでいた人の暮らし、趣味、やりたいことのマッチングである。

たとえば、きれいな状態のピアノが置いてある私の実家を、音楽が好きだからピアノ付きの家に住みたいと思っている人とマッチングするのだ。

読者の皆さんも、ご両親のことを思い出してみれば、きっとマッチングすべき相手のイメージが明確になるだろう。

釣りがしたいから海や川の近くの家に住みたい人。釣り好きだった人の家を釣り道具ごと買いたい・借りたい人。

ゴルフが好きだからゴルフ場の近くに住みたい人。あるいはゴルフ好きだった人のゴルフセットごと買いたい・借りたい人。

料理が好きだから大きなキッチンのある家に住みたい人。

クルマが好きだから、ガレージにある整備用品ごと買いたい・借りたい人（クリント・イーストウッドの映画「グラン・トリノ」のガレージのようなイメージ）。

絵を描くのが趣味だから、絵描きが住んでいたアトリエ付きの家にある絵の具やイーゼルごと買いたい・住みたい人。

本が好きだから、壁一面に大きな本棚がある書斎のある家に住みたい人。なんなら蔵書ごと買いたい・借りたい人。

昭和のファッションが好きだから、おしゃれな奥様が住んでいた家にある洋服ごと買いたい・住みたい人。

このように、住んでいた人の仕事や趣味と、住みたい人のやりたいことをマッチングさせ、そこから家を探すという仕組みが求められるのだ。

21 大切なのは「引き継ぐ」という発想

残念ながら、そのような仕組みはまだ存在していない。しかし、今ある仕組みを使って実家を売却、または賃貸化するときにも、不動産会社の担当者に、マッチング相手のイメージを伝えることはできる。もしかすると、私が実家の査定を依頼した不動産会社の担当者のような人と出会えるかもしれないのだ。

それにマッチング相手をイメージすると、気持ちが少し前向きになるかもしれない。実家を賃貸物件として残すことに成功したOさんのように、諦めずに新たな選択肢を探してみよう、というエネルギーがわいてくるかもしれないのだ。

4章では、Z世代がインターネット時代の情報環境の中で超多様化していると述べた。実家を相続した団塊ジュニア世代が、実家を売ったり、貸したりする時に、「これがいいだろう」と思う方法をとっても、Z世代には刺さらないどころか、かえって逆効果になる可能性も高い。

両親の暮らし方や趣味と、若い借り手がやってみたいことがマッチングすることもありうるのだ。だから下手に自分や不動産業者の常識や慣例で考えないほうがよい。

たとえば、売り手に届けたいストーリーを考え不動産会社の担当者に伝えるとか、そのストーリーを伝えるために役立つ写真や動画などの資料を用意するなどである。このように自分にもできることが見えてくれば、「いったいどうすればいいんだ」という空き家への焦《あせ》りも収まり、むしろ空き家問題を楽しめるようになるだろう。

古着店の店主やオーナー、店員さんと話していると、彼らが「引き継ぐ」という言葉をよく使うことに気づく。単に売る・買うではなく、古着をそれまで着ていた人から次に着る人に引き継ぐ。そのようなつなぎ目としての役割が古着屋にはある。その役割を果たしていきたいという気持ちがあるようだ。

この「引き継ぐ」という言葉は、古着好きなZ世代など若い世代の価値観をよく表している。穴の開いた服に当て布をして縫い付けることを、昔は「継ぎを当てる」と言った。古い物を活かして、また使えるようにするというニュアンスが「継ぐ」にはあるのだ。

今や「継ぎを当てる」はほとんど死語になってしまった。しかし、古い物を活かしてまた使えるようにすることを大切にする気持ちは、古着好きの若い世代の中に、たしかに息づいている。だから空き家についても、「買い手」「借り手」ではなく「引き継ぎ手」を探すという気持ちがこれからは必要だ。もしかすると、「引き継ぐ」という言葉の意味や価値を忘れかけているのは、これから親の家を引き継ぐ側の世代なのかもしれない。

不動産業者が解説！
実家を空き家にしないためにすべきこと

株式会社ハウスメイトマネジメント
伊部尚子

メディアの報道で「空き家問題」が取り上げられることが多くなり、日本の緊急課題になっていることがわかりますが、「すでにある空き家をどうするか」という取り上げられ方が多く「空き家にしないために何をしておけば良いのか」という視点が少ないと感じています。

当事者でない方は「空けっ放しにするなら売るなり貸すなりすればいいのに、なぜ空き家のままにするのか？」と感じると思います。実際に、私たち不動産業者にもそういう相談は来るのですが、すでに発生してしまった空き家はさまざまな問題を抱えていることが多く、残念ながら簡単にはいかないため、結果として空き家が増えているのだと実感しています。

「自宅として使われていた不動産を使わなくなった時にどうするのか」という問題は、実家の不動産がある人だけなく、時には子どものいない親戚がいる場合にも、自分の身に降り掛かってきます。不動産業者の立場から、実家を空き家にしないために準備しておきたいことをお話ししたいと思います。

実家が空き家になってしまう理由とは?

そもそも、なぜ実家が空き家になってしまうのでしょうか。今の超高齢社会では、家の名義人である親世代がとても長生きなので、相続が発生するのが遅くなっています。そのため、相続が発生した時には既に子世代に持ち家があったり、生活拠点が定まっているため、実家を相続して住み継いでくれる子どもがいない状態になりやすいと言えます。

思い入れのある実家なので、引き継いで住む子どもが誰もいなくても「売る」という決心がつかない場合が多く、「とりあえず貸したい」と不動産業者に相談が来ることになります。しかし、一般の賃貸住宅市場で家を借りてくれる人を探すためには、きれいにリフォームする必要が出てきます。築年数が古い一戸建ての場合、リフォーム代金の見積もりが200〜300万円を超えることはざらにあります。

家を貸すということは大家業を営むということなので、市場に合わせて商品を磨く必要があるのですが、そこまで深く考えている方はまれなので、予想外の金額に驚いて「ちょっと考えます……」と言われてしまうことも少なくありません。

また、「貸す」という気持ちは家族全員一致しても、大量の荷物の片づけが億劫でそのまま放置され、空き家になってしまうケースもあります。

実家を売るのも他人に貸すのも嫌でそのままにしておいた結果、子世代も高齢となり手入れができず、老朽化していくということがあちこちで起きています。

親が存命のうちにやっておくべきこと

実家をどうするかを決められるのは、実家の所有権を相続した人です。売る場合にも貸す場合にも、不動産業者は所有権の名義人としか話を進められません。

しかし、実際に相続が発生した際に、遺産分割協議が行われないまま実家の不動産が共有状態になってしまうと、売るにも貸すにも意思決定が難しくなります。そうならないために、まずは、親が存命のうちに推定相続人が誰なのかをはっきりさせ、その中で「誰が実家を相続するのか」を話し合っておくことが必要です。

相続の話はしにくいという方が非常に多いのですが、改まってする必要はなく、家族揃った時に実家の将来について話題に出してみると、意見の違いも早めにわかり、意見調整する時間も長く取ることができると思います。現在の所有者である親が「自宅の土地建物は長男に相続させる」などという遺言をすでに書いていることも考えられますので、親も交えて話すのが良いと思います。

将来実家を相続した場合の選択肢

現在実家が持ち家の方は、将来実家を相続するときがやってきます。引き継いで住む人が誰もいない場合の選択肢は、主に「売る」「貸す」「しばらく空けておく」の3つがあります。

しかし、その3つのどれにするかを決めるのは相続して名義人になった人なので、「誰が実家を相続するのか」を、先に決めておかなくてはなりませんし、共有にす

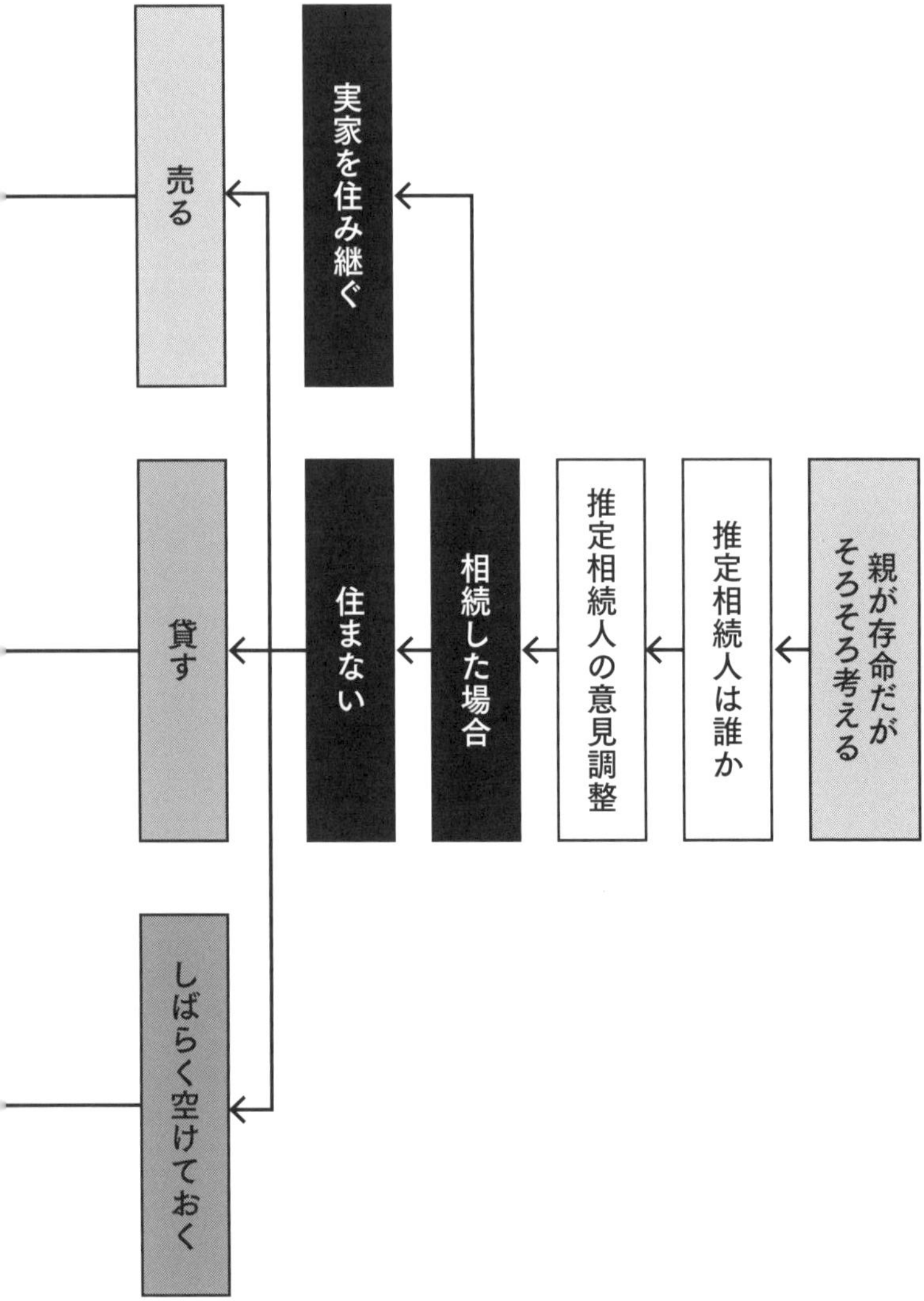
親が存命だが
そろそろ考える
推定相続人は誰か
推定相続人の意見調整
相続した場合
実家を住み継ぐ
住まない
売る
貸す
しばらく空けておく

資料：伊部尚子作成

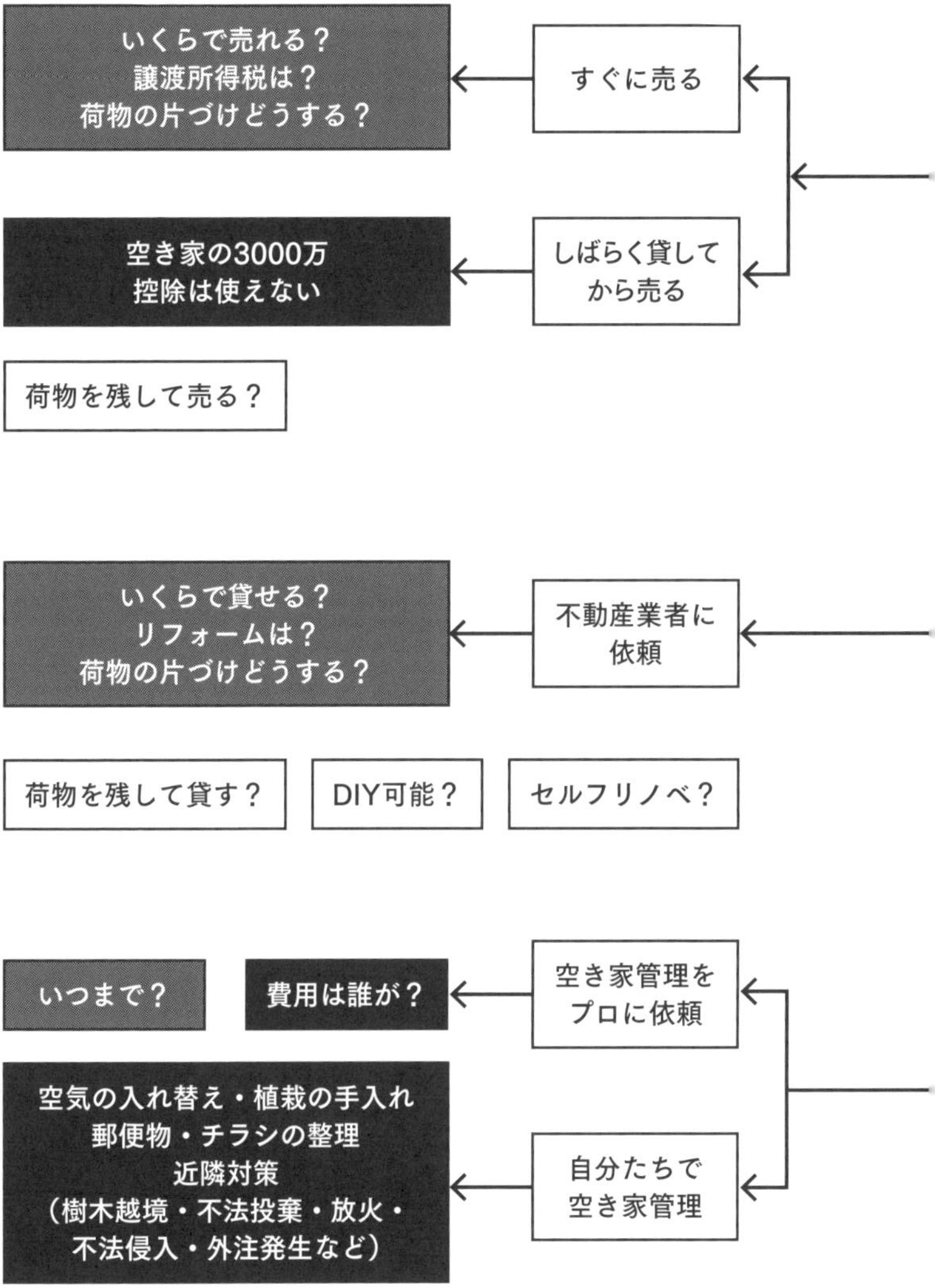
いくらで売れる？
譲渡所得税は？
荷物の片づけどうする？
すぐに売る
空き家の3000万
控除は使えない
しばらく貸して
から売る
荷物を残して売る？
いくらで貸せる？
リフォームは？
荷物の片づけどうする？
不動産業者に
依頼
荷物を残して貸す？
DIY可能？
セルフリノベ？
いつまで？
費用は誰が？
空き家管理を
プロに依頼
空気の入れ替え・植栽の手入れ
郵便物・チラシの整理
近隣対策
（樹木越境・不法投棄・放火・
不法侵入・外注発生など）
自分たちで
空き家管理

るのであればみんなの意見を合わせておく必要があります。

意見を合わせるのは大変なので、つい「しばらく空けておく」という選択をしがちですが、実はかなり手間がかかることになります。人が住まなくなった家はどんどん傷んでいきますので、定期的に空気の入れ替えを行い、排水管から虫が上がってこないように、キッチン、洗面所、トイレなどの水を流し、庭の植栽を剪定《せんてい》し、草をむしり、ポストに溜まった郵便物やチラシの整理をしなければなりません。近隣の住民にとっては、近くに空き家のまま放置されている家があると、樹木の越境や、敷地への不法投棄や不法侵入、害虫の発生、放火などが心配です。近隣からクレームが来ないようにするには、ご自分たちが頻繁に行くか、遠方や多忙で行けないならば空き家管理のプロにお金を支払って依頼することになります。

漫然と空き家のままにしていると、子世代が年を取って手入れに行けなくなったり、さらに次の相続が発生して共有者が増えたりするので、それはお勧めできません。「しばらく空けておく」という選択をする場合は「いつまで続けるのか」をセットで決めておくことを強くお勧めします。

将来実家を「売る」と決めたら、今からやっておくべきこと

「相続したらすぐに売る」と決めた場合、実際に売るのは未来の話だとしても、もし今ならばいくらくらいで売れそうなのか、譲渡所得税はどのくらいかかるのかを調べておきましょう。不動産ポータルサイトを見れば、周辺の売却金額の相場についてだいたいのイメージがつかめます。

中古の一戸建てを購入する人には、そのまま自分が住んだり人に貸したりするつもりの人と、解体して新築するつもりの人がいます。建物を残して住む想定の人は、建物の状態の良し悪しを気にするでしょうし、解体して新築したい人は「古家付きの土地」として購入するので、建物を解体する費用の分安く買いたいと考えています。自分の実家がどちらのニーズに適しているのかは、周辺で売り物件をたくさん扱っている不動産業者に相談してみるとわかるでしょう。

また、譲渡所得が発生する場合でも、要件が合えば「被相続人の居住用財産（空き家）に係る譲渡所得の特別控除の特例」で3000万円まで控除できますので、国税庁のホームページで調べておくと良いでしょう。ただし「相続した後しばらく貸してから売る」という場合には、居住用財産ではなくなるため、この特例は使え

なくなるので注意が必要です（注）。また、将来売却する時に役立ちますので、登記識別情報通知（もしくは権利証）、計量図、建築確認通知書、図面類等についても、親世代に有無を聞いて、探しておくと良いでしょう。

将来実家を「貸す」場合に考えておきたいこと

相続した実家を「貸す」ことを考えるのであれば、まずは場所や築年や広さが似ている賃貸物件が、どのくらいのリフォームがしてあり、いくらくらいの家賃で募集されているのかを調べてみましょう。

お部屋を借りようとする方は、不動産ポータルサイトでエリアや間取り、賃貸条件を入力し、候補物件を絞っていきます。昨今のお部屋探しでは、実際に現地を見に来る前に写真や動画で物件を絞り込むので、写真映えする状態にリフォームされている方が有利です。

リフォームをあまりしなかったことで入居者が決まるまでに時間がかかったり、家賃を下げなければならなくなる場合もありますので、リフォームをどのくらいやるか、いくらで貸すかについては、借り手目線で客観的に判断する必要があります。

リフォーム代を安くするためにセルフリノベーションを選択する方もいらっしゃいますが、仕上がりが悪くなって入居者が決まらなければ本末転倒なので、腕に自信のある方向けの方法と言えるでしょう。

DIY可能という貸し方

芸能人が古い物件をDIYで素敵に変身させるテレビ番組を見たことがある人は多いと思いますが、若い人を中心に賃貸物件でのDIYニーズは確実に高まっています。入居者がお部屋の内装に手を加えることができる、「DIY可能物件」として貸し出すことで、新たな魅力となる可能性があります。

しかし、「入居者がDIYするなら壊れたまま、汚れたまま貸せる」と考えるのは間違いで、「そのままでも住めるけれど、DIYをしても良い」という状態にすることが必要となるでしょう。具体的には、電気・ガス・水道などのライフランが使えること、ルームクリーニング済みで、特に水回りの清潔感があることが最低限必要だと思います。家賃は、室内の状態とのバランスで決まります。予算がなくあまりリフォームができなくても、「DIY可能」にして相場より安く貸すことができれば、住みたいという人は見つかるでしょう。相場より安く借りられ、従来の賃貸住宅ではやりたくてもできない、壁や木部にペンキを塗ったり、壁にビス穴を開けて棚やフックを付けたりできることが、「DIY可能」の魅力です。

DIY可能物件として貸し出す際には、「どの場所にどのようなDIYを行っても良いのか」をあらかじめ決めておくと、貸す人も借りる人もお互いに安心感があります。もちろんDIY可能だからといって、何でも許可しなければならないわけではありません。たとえば、「リビングの壁紙の貼り替えと木部塗装は可、その他は相談」などと取り決めます。

具体的な契約のやり方に関しては、国土交通省で公表しているDIY型賃貸借に関する契約書式例、ガイドブック、家主向けDIY型賃貸借実務の手引きが参考になるでしょう。

実家の不要な荷物はどうするか

売る場合にも貸す場合にも、荷物をどうするのかという問題が生じます。

建物をリフォームして住む人を購入者として想定している場合は、荷物はない方が室内の状態も良く見え、リフォーム代金も見積もりしやすいでしょう。しかし建物を解体する人を想定しているのであれば、荷物も一緒に処分することも考えられます。

賃貸する場合は通常は空っぽにしてリフォームしてから賃貸しますが、親世代が大切に使ってきたアンティークとしても素敵な家具類などが有る場合は、残したまま貸す方法も、「DIY可能」と同じように新しい貸し方としてチャレンジしてみても良いかもしれません。

荷物を処分する場合は、まず必要なものを分別して持ち帰り、すべて処分していい状態にしてから、産業廃棄物処分業者に依頼するのがお勧めです。悪徳な不要品回収業者もいるため、自治体の清掃事務所に相談し、産業廃棄物処分業者を教えてもらうと良いでしょう。

親が元気なうちに、老後を暮らしやすくするための前向きな片づけができれば、荷物が整理できるだけでなく家族で話し合うきっかけにもなり、結果的に実家を空き家にしないことに繋がると思います。

【注】

譲渡所得税は、売買価格から取得費（親世代や祖父母世代がその土地建物を手に入れた金額のこと。建物は古くなった分を減価償却する。不明な場合は売却金額の５％で概算する）や仲介手数料などの譲渡費用を引いた金額に税率（所有期間が５年を超えていれば約20％）をかけて計算しますが、要件が合えば譲渡所得から３０００円万円まで控除できる「被相続人の居住用財産（空き家）に係る譲渡所得の特別控除の特例（令和９年12月31日までに延長）」が利用できます。建物の建築年月日や売却までの期間、建物を取り壊すか耐震補強する必要があるなど様々な要件がありハードルが高いのですが、相続した空き家を取り壊して建売業者に売却する場合などに利用できそうです。

ただし、売却時まで空き家だったことが要件のため、短期間でも賃貸してしまうと特例が使えなくなるので注意が必要です。金銭面だけを考えるならば、賃貸した期間に得られる利益と、

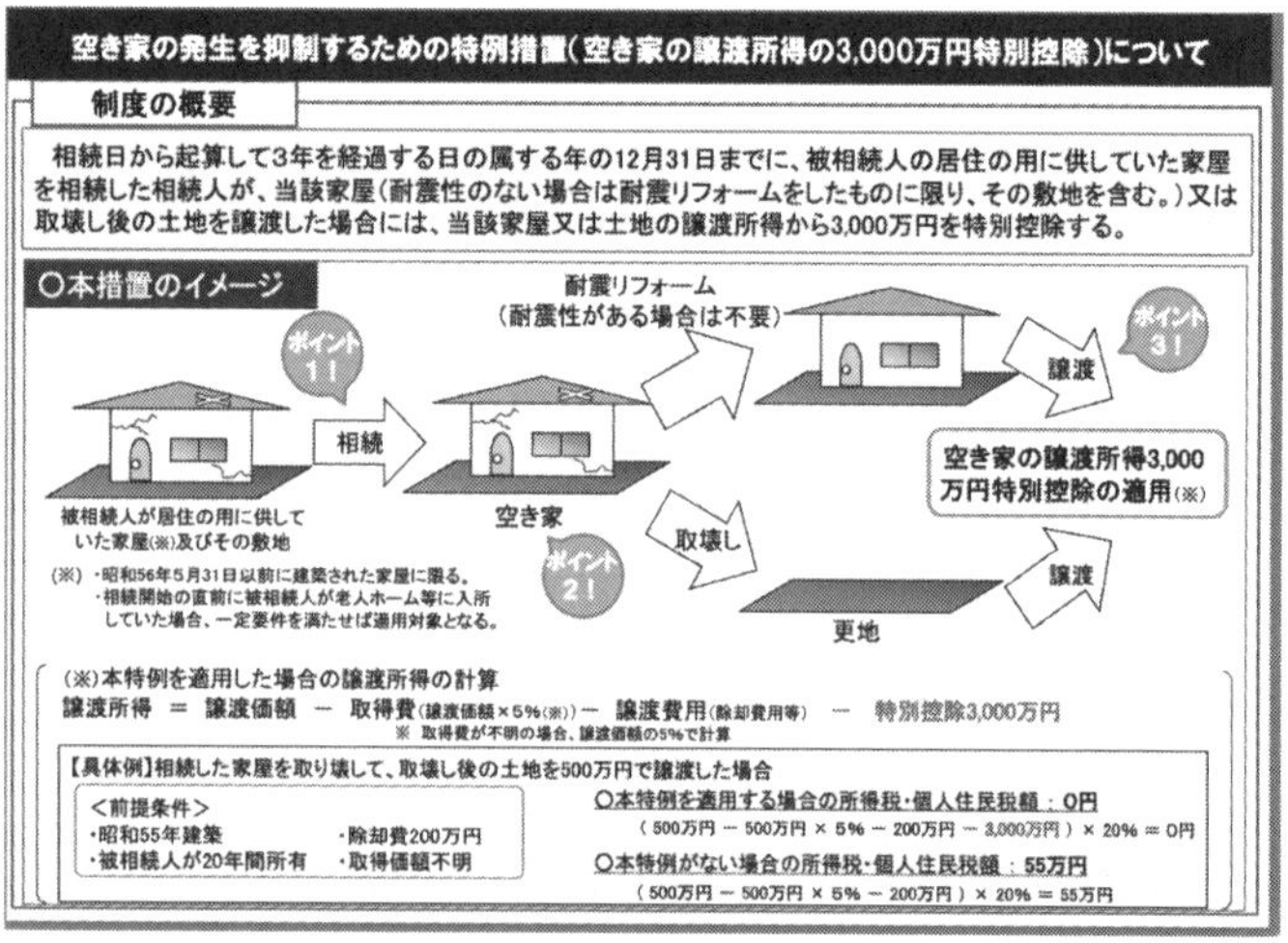

出所　国土交通省

その後売却した時にかかる譲渡所得税を比較してみる必要があります。
空き家の解体費用に補助金が出る自治体もあるので、ぜひ調べてみてください。

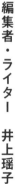

地方の古家財付き空き家で暮らしが拓かれた

編集者・ライター　井上瑶子

２０２３年５月、山形市内南東の中山間地にある空き家を借り受け、夫と娘と３人で暮らし始めた。山形に来て今年がちょうど10年目だが、これまでは山形市内のアパートと街中の一軒家で暮らしており、山のほうで暮らすことも空き家を直接借りて暮らすことも今回が初めてのこと。振り返れば２０１２年、東京の建築設計事務所で働いていた夫と、出版社や映画宣伝会社、広告制作会社で勤めてきた私が偶然知り合って結婚したことから、暮らしのあり方がめまぐるしく変化してきた。

当時の私たちは、これほどまでにその後の自分たちの生活や価値観が変化していくことになろうとは想像もしていなかった。また、古い家に魅力を感じていても、どうすれば直接出会って住むことができるかなど知る由《よし》もなかったし、今のように隣近所のいない一軒家に住むことはなんだか寂しいことだと当時の私は思っていた。

けれどいまは山に囲まれた山形の地でたくさんの人たちと出会い、家とも出会い、暮らしを自らの手で地道に作っていくことの楽しさやありがたさを噛み締めている。振り返れば住まいを変更するなかで、暮らしに対する価値観も少しずつ転換してきていたのだなあと思う。

農地を探すなかで空き家に出会う

そもそも今の家に出会ったのは、夫が農業を始めようとして農地を探す最中でのことだった。少し順を追って経緯を説明すると、私と夫とは、夫の転勤を機に2014年に山形に移住してきた。当初は駅前のアパートで2人暮しをしていたが、2018年に娘が生まれて3人暮らしになった。やがてコロナ禍の暗雲が立ち込めだした2020年春に、アパートが手狭になったこともあり、市内中心部の住宅街にある一軒家へと引っ越す。

そして2021年になると、それまで取材の仕事などを通じて出会った、ものづくりや市民活動を行う人たちの活動を雑誌のかたちで記録できたらと、私は個人で地域雑誌の編集・発行を始める（雑誌の名前は『g－i－n－i－k a（ジーニカ）』と言います）。その創刊号で取材を続けていくうちに、山形市内で平飼い養鶏と鶏糞を使った野菜づくりという循環型農業を40年以上続けている伊藤利彦さんの存在を知る。伊藤さんは70歳を過ぎてもなお５００羽の鶏《にわとり》の世話と採卵、市内数カ所の畑と田んぼでの野菜や米の多品目栽培を続けており、野菜セットや卵を週２回ほど直接利用者に届けている。

さらに週末は地域の山に登ったり、子どもたちのための自然塾を主宰されたりもしている。まったく超人的な暮らしとご活動なのだが、伊藤さんのご自宅を訪ねると、いつも「どうぞどうぞ」とにこやかに奥へ通してくださり、忙しそうな素振りも見せずにどっしり座り込んでこちらの話に耳を傾けてくださる。伊藤さんのもとを巣立って、あらゆる専門性を獲得しながら活躍する子どもたちは数知れず、また伊藤さんのところには日々たくさんの大人と子どもが伊藤さんを慕って集う。常に自らの身体を動かし、人を迎え入れ続ける伊藤さんの振る舞いには、ただただ頭が下がる思いだ。

日々変わりゆく山の景色がたまらない

そんな伊藤さんと、取材をきっかけに出会い、何度かお酒や食事をご一緒したり、鶏のことをいろいろ伺ったりしているうちに、なぜか夫が「養鶏やろうかな……」と言い出した。それまで建築をやっていた人間だが、伊藤さんを通じて知った循環型農業と、土の中の微生物が織《お》りなす複雑な環境のあり方に俄然興味がわいたようす。また、鶏という動物そのもののもつ時間や生態にも、ぼんやりと関心が出てきたようだった。

　利益や便利さを優先するあまり、身体が手放してきた豊かさとはなんだろう。必要なものは自ら作らなければ手に入らない時代がきっと訪れるのでは。そんな予感が、

市内の老舗漬物店が閉店した際にいただいた御前が、この居間にすっと馴染んだ。奥の床の間にあるのが、この家から発掘した能の置物

夫にも私にもあった。

そこで将来は平飼い養鶏と野菜づくりを行うべく農業研修を始めた夫だったが、2年間の研修後にはいよいよ自分の農地で養鶏と野菜づくりを始めなければならない。さあ農地はどうしよう…となっていた研修1年目も終わりに近づいた頃、伊藤さんの紹介もあって出会った農地の持ち主の方が、「農地のそばに、親戚の使っていない家があるのだけれど住んでみる?」と言って紹介してくださったのが、まさにいまの家だった。

まだ雪が積もる頃だったが、教わって早速見に行ってみると、築40年以上

家からそのまま受け継いだ大皿。たくさんのこれらを収めている立派な食器棚も居間にあったので、台所に移動して使わせていただいている

とはいえしっかりとした佇《たたず》まいで、「これを借りられるの!?」と2人でびっくりした。家の持ち主の方も、「いつも草刈りや家の点検で山形市外から通っていたくらいだから、住んでくれるならそのほうが自分たちも助かる」と言って、ほぼ無償で貸してくださることになった。

「これは絶対、大切にしないと……」

そんな思いとともに、このお家とのお付き合いは始まったのだった。

掃除するたび輝いていく日本家屋

家のなかには当初、以前に住まれていた方々の生活道具がそのまま残されていて、本当に昨日までここで暮らしていたとでもいうような風情だったので、その片づけにはだいぶ時間を要することが予想された。しかし大家さんが冬のあいだから週末を中心にコツコツと手際よく片づけてくださり、私たちも差し支えなさそうなものはどんどん分別していった。「必要なものはそのまま使ってもらってかまわない」と、ありがたいことに大家さんから事前に言っていただいていたので、片づけながら一部の家具や小物など、ぜひそのまま使わせてもらうことにした。

なかでも食器類は実に豊富だった。涼し気なガラス製の食器、鍋用の器類など、大事にしまわれていた一揃いを並べて連続的に見ていると、食器にも四季があることがよく見えてくる。かつての人たちはこうして食卓の器も細やかに衣替えし、季節の恵みがより生き生きといただける風景を食卓にも大切に作っていたことを想像してはっとしてしまった。また、たくさんの客を迎えたのであろう山積みの布団や座布団類、台所の片隅に置かれていた子ども用の新品の色鉛筆セット、床下で時を重ねていた焼酎漬けの瓶の数々など、一つひとつのものからは暮らしや家族への思いも垣間《かいま》見えるようだった。そのまま譲り受けたものとともに、お会いしたこともないかつての住人の方の影が、部屋のあちらこちらに染み込んでいった。

荷物が片づくと、今度は家屋そのものを点検していった。押入れの中や水回りなどの閉め切られた場所は、カビで黒っぽくなっている。畳もだいぶ年月が経っているらしく、傷が目立つ。掃除を始める前には、まずはすべての部屋の窓を開け放った。そして畳や押し入れの表面すべてを箒《ほうき》で掃いていく。その後ぬれ雑巾で2、3度ずつ拭いていき、さらに最後に乾拭きをした。1階に和室が3つと2階に和室が2つなので、その工程を繰り返すだけでゆうに1日かかってしまったが、じっくりと家の掃除をした5月の連休、家は目に見えて輝きを取り戻していった。これが骨格そのものからなる日本家屋の力強さなのだと思った。

また、縁側全体にはポリカーボネートの波板で衝立《ついたて》が作られて覆《おお》われており、室内から外の景色がまったく見えない状態だったが、せっかくの居間からの景色が遮《さえぎ》られてしまっていると、なんとなく寂しく息苦しい。そこで、衝立はすべて取り払うことにした。おそらくそれらは冬の冷気を遠ざけるためにあとから施《ほどこ》されたものと思われたが、風の通り道と景観は暮らす人間の根本的な快不快にかかわる重要な部分のように思う。やはりその流れは妨《さまた》げないでいたほうが気持ちがいいと思った。

景観ということで言えば、床の間という存在も、室内の景観においてしみじみと感慨深いものだと思った。荷物の多い我が家は、引っ越し直後に床の間にわんさと荷物を敷き詰めて置いてしまっていたが、この空間にぎっしりとものが詰まっているときと空の空間がそこにあるときとでは、当たり前だが空間の抜け方がまったく違う。床の間はまさに快不快にかかわる人の感覚をもてなすように、客人に常に用意された景観なのだと思う。本来は掛け軸を掛けたり花を生《い》けたりするべきなのだろうが、大家さんがまとめていた廃棄物の山から発掘した熊の置物が一番しっくりときて、今のところいつも熊が鎮座している。そのうち娘に豪快に筆を揮ってもらえたらいいなと考えている。

壊れたらひたすら直す

引っ越しを終えて暮らし始めてからまだ1カ月もしないある日、洗面台下の棚が突然崩壊した。外から見るとわからなかったが、扉を開いて中を見ると棚の底板が腐って抜けてしまっていた。洗面台に密着するように大きなドラム式洗濯機を置いていたため、乾燥時の熱が直接伝わって棚に籠もり続けたのだろう。棚の底板の下は黴《か》びて真っ黒になっていた。

夫はそれを見て職人魂のようなものが起動したらしく、淡々と洗面台を解体し始めた。結果、棚だった部分に新たに木を組んで脚を作り、洗面台上に据え付けてあったプラスチック製の棚や鏡をすべて取り外して、古道具屋で買っていた額縁に新たに鏡をはめたり棚を取り付けたりして、洗面台を作り替えていった。水道管からはしばらくお湯も水も漏れ続けていたため微調整にはだいぶ苦労していたが、その修理も寒くなる前にようやく完了。でき上がった洗面台下は骨格がそのまま見えるようになり、手入れもしやすくなった。

夫が改修した洗面所

骨格が見えて構造を把握できるということは、なんであれ暮らしの一番の安心と言えるのではないだろうか。

なお、夫はこの家に残されていた草刈り機も譲り受け、住み始めてからそのまま愛用していたのだが、夏の盛りの頃にぱったりと動かなくなってしまった。それで分解しては部品を買い求めということを10数回近く繰り返していたが、それでもうまく直らず、もういよいよ諦めるしかないかに思われたその最後の部品交換でエンジン復活！　草刈り機も再生させた夫はこの夏、洗面台および水道管修理に加えて草刈り機の修理技術も身体に蓄積させて、なんとも生き生きとした輝きを放っていた。家は人の身体をこんなにも輝かせてしまうのだなあと思う。

また、家では古いものたちがこうして壊れていくのだが、庭では新たに育っていく姿もある。引っ越してきた直後に、イチジクの苗を庭に植えていることを大家さんから教わったのだが、大家さんのお母様が別の場所に植えたものを日当たりのよいところに移してやったものなのだということだった。夏場に荷物の処分にいらした大家さんは、まだ小さなイチジクの樹のまわりの草を丁寧に刈《か》って帰って行かれたりしていたので、私もイチジクのまわりの雑草をこの夏何度も刈り取った。元気に実が生ったら、ぜひ大家さんに知らせなければと思っている。

そのほか、古い家の防寒対策をどうするかは、山形では死活問題だろう。我が家ではペレットストーブをこれから導入する計画だが、そのためにも居間の畳は秋のあいだに自分たちで床張りにリフォームすることを考えている。平日は図書館に勤めつつ雑誌を作ったり山形国際ドキュメンタリー映画祭広報の仕事をしたりと慌ただしい今年は、春に引っ越して暮らしや仕事の空間をかろうじて確保したところで、もう秋になっていた。

これまでの半年間に手を入れてきたところといえば、先に挙げたような機能性を維持するために迫られた掃除や修理など最低限のことばかり。ものを見ていつも思うのは、「まだ使える」という感覚だ。しかしこの地の冬と雪は豪雪地ほどではないにしてもやはり侮《あなど》るわけにはいかないので、11月の休日はようやく透明のツインポリカーボネートを障子の桟にはめ込んで断熱したりしており、じっくり家と向き合って冬支度をする時間にできたらいいなと考えている。

この家がこれから一体どれくらい冷え込むのかわからず今はドキドキしているけれど、寒さ対策も洗面所や草刈り機と同じで、使うなかで不具合のあるところを根本的に直したり補強したりということを、その時々で考えながら繰り返していくことになるのだろう。古い家に住むことは、予防的視点というより対症療法に近い。何か起こっても（だいたい何か起こる）、いまより身体に技術と経験が蓄積されていくと捉えて、できるだけ楽観的にいられたらいいなと感じている。

距離に縛られず、隣人たちと出会う

この家に暮らし始めてとにかく変化したのは、今までとはまったく違ったたくさんの隣人がいることだ。そのほとんどが、人ではなくて虫たち。家の中を日常的にゲジゲジが闊歩《かっぽ》し、秋口の今は朝な夕なカメムシたちが窓際の小さな隙間から室内へと入り込んであちこちに佇む（しかし佇むカメムシたちはすかさずペットボトルの口を押し当てて捕まえる）。クモたちも庭の木と2、3メートルは上にある電線とのあいだに見事な巣を張る。名前のわからない虫や何者かの卵を庭に見つけると、娘は「ちょっと待って！」と言って自分の昆虫図鑑を持ち出し、うれしそうに調べてはその絵を描いてみたりする。

そんな日常を過ごすにつけ、中山間のこの場所に乱入しているのは私たちのほうで、虫たちこそが先住の存在なのだと思わずにはいられない。しばらく主を失っていたこの家そのものも少し前までは自然に還《かえ》りつつあったかもしれず、畳や壁のところどころには隙間があって朽《く》ちていたりする。

経年のなかで木や草が本来もつ生気も失われてしまっているのだろうが、本来のように自然に対してゆるやかなサインを発することで、物理的に過剰に仕切ることなく周囲の生きものたちが「ここは近寄りたくない場所だ」と思うような場所づくりができればいいなと感じる。

　ちなみに我が家周辺には虫のみならず動物たちもたくさんやってくる。庭にはコロコロとしたカモシカの糞が毎日落ちているし、畑はイノシシが遊びまわっていて植えたばかりの大根の苗が台無しになっていたこともある。娘と保育園に出発しようとしたらアオサギがすぐ目の前のガードレールまで見送りに来てくれたりするし、クマにはまだ出会っていないが、すぐ近くまで餌を求めて下りてきていることが確認されている。生物多様性という意味ではあまりに豊かだ。

　ところで人間のご近所さんはどうなのかというと、少し上ったり下ったりすればもちろん同じ集落の方々が住まれている。先輩移住者の方々はあたたかく、しかも地元の年配者の言葉がうまく聞き取れない夫に対して通訳をしてくれたりするそうだ。

　夫はまちづくりの仕事をしていたこともあったのだが、実際にこうして地域に入り込んで暮らすようになると、集落の草刈りや神社の清掃などに地域の一員として参加するなかで初めて見えてくる風景がいっぱいある、と言う。最近は、自宅で使っている水の水源を見に行き、集落の人たちと掃除したそうなのだが、その水源の光景は息を呑むほど素晴らしいものだったと、しきりに話していた。

暮らすということは身の回りの一つひとつのルーツを知ることであったり、個人の自由は互いに守りつつも、与え与えられる循環や存在の一部となって長く付き合い続けたりすることなのだと思う。

そしていまの家は山に囲まれた少し小高いところにぽつんと建っているのだが、そんな立地を寂しくないものにしてくれているのは、なんと言っても頻繁に電話が鳴ることだろう。「月山筍を採ってきたから取りにおいで」「渋皮煮ができているけど食べないか?」「今夜うちで飲むことになったからあとで来てね」「新しいお菓子の試作ができたんだけど、どうだろう」などなど。山形での仕事や暮らしを通じて知り合った方々のなかにはグルメな人が実に多い。

また、以前の住まいのご近所さんは今でも何かを手に入れたりすると「取りにおいで」と連絡をくださる。すると私も畑や冷蔵庫や家にあるものをとにかく袋に詰め込んで、図書館勤めの帰りにいそいそと会いに行く。

旬のものは分かち合い、その交換を通して互いの健康を気遣い、楽しいひとときをともに過ごす。日々の豊かさを感じるのはこんなときで、人との近さは物理的な距離ではなく、「おいしいものが食べたい！」という飽くなき欲求や、日々に打ち込むそれぞれの思いの強さで、そうした個々の実感が、人と人とを結びつけてくれているように思えるのだ。

野性を思い出す鶏たち、暮らしを思い出す私たち

ここでの暮らしが始まったのも、冒頭で触れたとおり、夫がそもそも養鶏をやりたいと農業研修に通い出したことに端《たん》を発する。それで、この家に引っ越す半年ほど前から、自分たちは本当に鶏を好きになれるのかどうかを知るためにもということで、鶏を庭で2羽飼い始めた。

いざ引っ越しとなったので、この家の隣の畑の一角に鶏舎を新たに建てて鶏たちも引っ越すことになったのだが、こちらに来てからは朝、日の長い季節は夕方も、鶏舎のドアを開けて鶏たちを畑に放ってやっている。

すると2羽は小走りで駆けていき、畑の土を脚で掘り起こしながらミミズや小さな虫を捕まえて食べ、ギシギシやクローバーなどそのあたりに生えている雑草をせ

っせとついばむ。前の家の庭の鶏舎で飼っていたときとはまるで勢いが違うし、鶏は本来こんなふうに脚をつかって土を掘る生き物だったんだ！ということを目撃して感じ入ってしまった。

もしかしたら鶏自身もそうした躰の使い方を忘れていたかもしれないのだが、いざそうした環境に身を置くと自然と感覚が起動しているかのような振る舞いで、環境は生き物の本能を呼び覚ますのだなあとしみじみと思った。

そしてそれはきっと人間に対してもそうで、これまで不動産屋を通じてしか自らの住まいを借りたことがなかった私たちも、こうして自分たちも荷物の片づけをして空間を作り、その空間の掃除をして、それから自分たちの生活空間をその場所に作って住まうということをやってみると、自然と起動してくる感覚があることを感じずにはいられない。

むしろ暮らす場所に一番愛着を持たせてくれるようなこうした時間を、賃貸住宅に暮らすなかでは、見事に経験しそびれてしまっていたのではないかとすら思う。家というものがどうしてこんな間取りなのかということも、障子が朝の光も夜の深い闇もしっかり身体に染み込ませてくれることも、住まいは住みながら磨き続けて輝いていくものであるということも、住まいが輝くと同時に暮らす人の身体にその輝きが蓄積されていくということも、今回、山形の中山間の家に移り住んでみて知ったことだった。

これからさらにぎょっとするような発見がいっぱいあることだと思う。暮らしとはどんなものだったのかということを、この家を通じてますます私自身が思い出していけるようだと楽しいなと思う。

また実はいま、子どもの保育園と職場が同じで親しくなった友人に声をかけていただき、大切に守られてきたとある空き家に拠点を作って仲間と活動を始められたらと計画していたりする。友人の明るく細やかな人柄があり、友人と持ち主の方との時間をかけて構築されてきた信頼関係があり、すでにたくさんの方々の思いが家には宿っている。

場所を求める人、地域を大切にする人、誰かと何かを作りたい人たちが、公共に近い大きな目的をもって出会っていくとき、空き家はまた素晴らしい価値を発揮し続けるのだと感じる。

空き家にはそこでの時間や記憶がかたちに刻まれて残っているのだということを

実感している。家屋そのものや残された生活品を実際に使ってみる瞬間に、具体的にはわからずとも「そこに記憶がある」ということを思う。居間の壁に開いたままになっている釘の穴一つとってみても、ここには柱時計があったのかもしれない、カレンダーを掛けていたのだろうかといろいろ想像してしまう。

それは、自分自身も暮らしていて、そこに時計やカレンダーがあったら確かにいいかもしれないと感じるから、想像したりする。すると家に残されたものたちは、そこに暮らした人の感覚や格闘の痕跡であり、これから暮らそうとする人間にとってはちょっと無関係とはいかないものに見えてくる。もしかしたらそこにこの場所の使い方のヒントがあるかもしれないし、一方では別の方法を見つけるきっかけが潜んでいるかもしれない、と。

たとえば私たちは、この家に残されていたいくつもの大皿を毎日のように使うようになった。大皿の絵柄やかたちが心地よかったので使い始めたのだが、テーブルではなく御膳で食事をするようになったここでの暮らしに大皿は好都合でもあった。

御膳の上に大雑把に盛り付けた大皿料理をいくつか並べると、大人も子どもも座布団にぺたりと座って各自取りたいものを取ることができる。それに大皿に盛り付けた料理は、シンプルでもなんだかおいしそうに見える。決して大人数の家族ではないのだが、それをみんなで囲めば、取り合ったり譲ったりと会話しながら楽しく食べることができる。このお皿たちにかつてはどんな料理が載っていたんだろう、今度はあれを作ってみようかとまた思いを巡らせてみたりもする。

家とここにあったものたちは、まるで一つの箱庭を見せてくれるかのようだ。かつて暮らした人たちが思考したものを実際になぞり考えるなかで、自分自身の無意識もまた拓かれていくような感覚がある。そうした記憶の空間で暮らすおもしろさや豊かさを、日々感じている。

＜著者略歴＞

三浦　展（みうら・あつし）

1958年生まれ。82年一橋大学社会学部卒。パルコ入社。マーケティング雑誌『アクロス』編集室にて世代・都市・消費の調査・分析・予測・執筆を行う。90年三菱総合研究所入社。99年カルチャースタディーズ研究所設立。都市・郊外関係の著書に『アクロス』時代の『「東京」の侵略』をはじめ『東京は郊外から消えていく！』『東京郊外の生存競争が始まった！』『東京高級住宅地探訪』『奇跡の団地　阿佐ヶ谷住宅』『吉祥寺スタイル』『高円寺　東京新女子街』『ニュータウンに住み続ける』『「家族と郊外」の社会学』『「家族」と「幸福」の戦後史〜郊外の夢と現実』、消費・若者関係の著書に『下流社会』『第四の消費』『孤独とつながりの消費論』『日本若者論』など多数。

昭和の空き家に住みたい！

2024年2月1日　　　　第1刷発行

著　者　三浦 展

発行者　唐津 隆

発行所　株式会社ビジネス社

〒162-0805　東京都新宿区矢来町114番地 神楽坂高橋ビル5F
電話　03(5227)1602　FAX　03(5227)1603
https://www.business-sha.co.jp

〈装幀〉齋藤稔（株式会社ジーラム）
〈本文組版〉茂呂田剛（エムアンドケイ）
〈印刷・製本〉中央精版印刷株式会社
〈編集協力〉水無瀬尚
〈営業担当〉山口健志
〈編集担当〉中澤直樹

ISBN978-4-8284-2593-1

ビジネス社の本

お帰りやす、天皇陛下。

京都と皇室・1000年の因縁を紐解く

井上章一　工藤美代子……著

定価1760円（税込）
ISBN978-4-8284-2542-9

〝日本の中心〟の謎を
古都の文化・歴史から解き明かす。
天皇の力の源は「美人力」だった!?
「皇室の威光」の源を再発見すると……

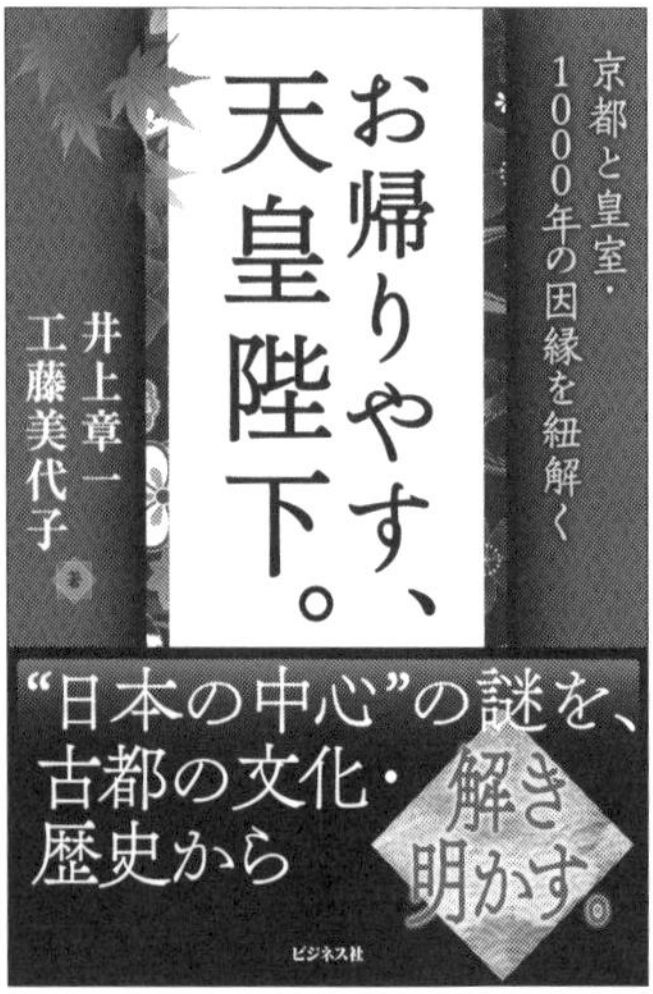

本書の内容

1章　天皇の譲位が皇室典範を変えた
2章　皇室の「京都へのお戻り」は可能か
3章　日本の文化はどこまで守るべきか
4章　じつはいい加減な日本人と日本の伝統
5章　京都の「いけず口」の正体
6章　天皇の力の源だった「美人力」とは
7章　江戸時代の皇室は庶民に根づいていた
8章　「英明なる明治天皇」は天皇のあるべき姿か
9章　皇室は日本人の精神の反映